I0212092

AM I MY BROTHER'S KEEPER?

¿SOY EL GUARDIÁN DE MI HERMANO?

AM I MY BROTHER'S KEEPER?

¿SOY EL GUARDIÁN DE MI HERMANO?

by

Bernard Block

Bilingual edition

Translated into Spanish and edited

by

Roberto Mendoza Ayala

Cover design and illustrations by
Alonso Venegas Gómez

DARK
LIGHT
PUBLISHING
NEW YORK • MÉXICO

2017

Copyright © 2017 by Bernard Block

All rights reserved. This book or any portion thereof may not be
reproduced or used in any manner whatsoever without the express written
permission of the publisher except for the use of brief quotations in a
book review or scholarly journal.

First printing: 2017

ISBN: 978-0-9982355-5-4

Designed and typeset in New York City by:

Darklight Publishing LLC
8 The Green Suite 5280
Dover, DE 19901

The design of the cover, which represents the sacrifice of Abel at the hand of
Cain, is based on an ivory plate exhibited at the Musée du Louvre in Paris.
(The plate, from the Cathedral of Salerno, Italy, is dated 1084 AD and it was
carved by an unknown artist).

Contents

Índice

Prologue

IF A POET HAS A FUNCTION IN OUR SOCIETY, it is to make us look to the meanings. Otherwise, daily violence and recurrent tragedies become weightless routine. The poet must find new words, new images, new forms to move us.

In the first part of *Am I my Brother's Keeper?*, Bernard Block addresses injustice, poverty or discrimination, attempting to touch us and arouse us to profound issues otherwise buried in the avalanche of "breaking news".

The poet creates voices—often ironic voices—whose final destination is Man himself. Bernard does not hesitate to utilize free trade with other languages, whether Spanish, French, Yiddish or Latin.

The brightness of his language illuminates and dignifies the victims of tragic events, leaving a trail of sparks that lasts beyond the poem.

After his first journey of reflection, Bernard turns his eyes to the past to recreate characters and anecdotes from the mist of memory; he was born and raised in the emblematic neighborhood of Brooklyn, not far from Coney Island.

In this second part, the poet arrives—or begins—as playing, to conjugate the language of infancy and war of the children, in verses inspired by Wordsworth's vision of childhood ironically

13

mixed with surrealism and the language of Dada, of post World War I Europe. There you will find nostalgia, intimations of loss, apparitions in the mist.

In the poetry of Bernard Block there is grace and aspiration, small planets circling with choral repetitions. As the translator I tried to recreate the vision and music of these poems.

In the final part of *Am I my Brother's Keeper?* Who are we?: a spider, a king, a wall, a soldier, a sherpa, a child of the sea, the Rose of Tacloban. There are no answers.

Bernard attempts to write "engaged" poetry inspired by Walt Whitman's "Poetry from the people, for the people" or perhaps Percy Bysshe Shelley, who *In Defense of Poetry* wrote: "Poetry animated by political events, a Visionary Poetry that inspires, shapes politics and alters lives. Visionary Poetry as an advanced guard of *moral awakening.*"

ROBERTO MENDOZA AYALA
New York City, October 6th, 2017

Prólogo

SI EL POETA TIENE UNA FUNCIÓN EN NUESTRA SOCIEDAD,
es hacernos voltear a ver los significados. De lo contrario, la violencia
cotidiana y las tragedias recurrentes se convierten en rutina ligera.
El poeta debe encontrar nuevas palabras, nuevas imágenes, nuevas
maneras de conmover.

En la primera parte de *¿Soy el guardián de mi hermano?*, Bernard
Block se ocupa de la injusticia, la pobreza o la discriminación, e
intenta llegar a nosotros para concientizarnos de hechos trascendentes
que quedarían enterrados en la avalancha de las "noticias de última
hora".

El poeta crea voces —a menudo voces irónicas— cuyo destino
final es el Hombre mismo. Bernard no duda en recurrir al libre
comercio con otros idiomas, ya sea español, francés, yiddish o
latín.

El brillo de su lenguaje ilumina y dignifica a las víctimas de
acontecimientos trágicos, dejando una estela de destellos que se
prolongan más allá del poema.

Después de su primer viaje de reflexión, Bernard vuelve los ojos al
pasado para recrear personajes y anécdotas provenientes de la niebla
de su memoria; él nació y se crió en el emblemático barrio de Brooklyn,
no lejos de Coney Island.

En esta segunda parte, el poeta llega —o parte— como jugando, a conjugar el habla infantil y de guerra de los niños, con versos inspirados en la visión de la infancia que propone Wordsworth, mezclados en forma irónica con el surrealismo y con el lenguaje del Dadaísmo europeo, posterior a la Primera Guerra Mundial. En ellos se conjuntan nostalgia, pérdidas entrañables, y fantasmas en la bruma.

En la poesía de Bernard Block hay gracia y ambición, pequeños planetas circundando sus repeticiones corales. Como traductor, intenté recrear la visión y la música de estos poemas.

En la parte final de *¿Soy el guardián de mi hermano?*, ¿Quiénes somos?: una araña, un rey, un muro, un soldado, un sherpa, un niño del mar, la Rosa de Tacloban. No hay respuestas.

Bernard intenta escribir poesía "comprometida" inspirada en "La poesía del pueblo, para el pueblo" de Walt Whitman o quizás en la de Percy Bysshe Shelley, quien en *En defensa de la poesía* escribió: "Una Poesía animada por los acontecimientos políticos, Poesía Visionaria que inspire, dé forma a la política y transforme vidas. Una Poesía Visionaria como vanguardia del *despertar moral*".

ROBERTO MENDOZA AYALA
Ciudad de Nueva York, 6 de Octubre de 2017

AM I MY BROTHER'S KEEPER?

¿SOY EL GUARDIÁN DE MI HERMANO?

PART I

AM I MY BROTHER'S KEEPER?

¿SOY EL GUARDIÁN DE MI HERMANO?

Bernard Block

BLACK NARCISSUS

O linear leaves
O yellow flower
O bristling corona

I called to you from the shadows   *las sombras*
and you appeared   *una aparición*

You are the wind   breath of song
oleander and muscatel

You are the air   clear as crystal
you are the stream   extravagant light
you are the mountain   beyond the plain

I came here to forget   *olvidar   desamparado*   forlorn
but I hear the murmur of the stream
the bristling wind   the flower on my cheek

O black narcissus
I could not stop the wind
or the air   clear as crystal
or the shade of mountain   beyond the plain

I call to you from the shadows   *las sombras*

    las sombras

NARCISO NEGRO

Oh rectilíneas hojas
Oh flor amarilla
Oh erizada corona

Te llamé desde las sombras   *las sombras*
y apareciste   *una aparición*

Eres el viento   aliento del canto
adelfa y moscatel

Eres el aire   transparente como cristal
eres el arroyo   luz extravagante
eres la montaña   más allá de la planicie

Vine aquí para olvidar   *olvidar   desamparado*   desamparado
pero escucho el murmullo del arroyo
al erizado viento   la flor sobre mi mejilla

Oh narciso negro
no pude detener el viento
o el aire   transparente como cristal
o la sombra de la montaña   más allá de la planicie

Te llamo desde las sombras   *las sombras*

   las sombras

Bernard Block

THERE ONCE WAS A SINGING BLACKBIRD

For Eric Garner

There once was a singing blackbird
The blackbird sings no more
He wove his chord to the rising moon
The blackbird sang to the ashen dune

A snowman, an owl, a bird of prey
Clutched the throat of the singing bird
A dissonant chord veiled the sun
The moon descended without a word

The blinking stars wove a winding sheet
Of sylvan reed, the sun turned black
A child bent his knee, saying grace
A ragman turned his bending sack

The whale stopped singing, the owl froze
The blackbird dropped silken chain of sound
The owl screeched, the moon turned green
The west wind sighed a wreath of sound

The blackbird sighed a wreath of sound
Clouds dispersed, the world turned round
The blackbird whispered, *I cannot breathe*
The blackbird wove a sylvan wreath

The blackbird sings no more

HUBO UNA VEZ UN MIRLO CANTOR

Para Eric Garner

Hubo una vez un mirlo cantor
El mirlo no canta más
Tejía su acorde para la luna creciente
El mirlo cantaba para la duna cenicienta

Un hombre de nieve, un búho, un ave de rapiña
Apretaron la garganta del pájaro cantor
Un acorde disonante oscureció al sol
La luna descendió sin decir palabra

Las estrellas titilantes tejieron un sudario
De caña silvestre, el sol se volvió negro
Un niño se arrodilló para orar
Un ropavejero vació su pesado costal

La ballena dejó de cantar, el búho se congeló
El mirlo lanzó una cadena de sonidos sedosos
El búho chilló, la luna se volvió verde
El viento del poniente suspiró una guirnalda de sonidos

El mirlo suspiró una guirnalda de sonidos
Las nubes se dispersaron, el mundo se volteó
El mirlo susurró, *No puedo respirar*
El mirlo tejió una guirnalda silvestre

    El mirlo no canta más

BLACK IS THE COLOR...

for Sandra Bland of Waller County, Texas
after an article by Roxanne Gay

I am Sandra Bland
I do not feel alive
I feel like I am not dead yet
I hang on a wire in Ravenwood Jail
      in Waller County, Texas
Stripped of my unruly black body

I was stopped on the black-top
      of Highway 29 by Police Officer Encinia
It was black twilight   I was driving while black
Mr. Encinia asked why I was irritated
I answered the question I was asked
Mr. Encinia did not like my tone
      it was black
Mr. Encinia told me to put my cigarette out
      I refused
He threatened to light up my black body
      with his Taser
I was pulled from my black car
      in black twilight
I protested   placed in black handcuffs
I stated my black rights

$5,000 bail   where was I gonna' get 5,000 black dollars
According to the Autopsy Report
I am hanging on a black wire
In Ravenwood County Jail   in Waller County, Texas
      Stripped of my unruly black body

NEGRO ES EL COLOR...

para Sandra Bland de Waller County, Texas
a partir de un artículo de Roxanne Gay

Soy Sandra Bland
No me siento con vida
Siento que no he muerto aún
Cuelgo de un cable en la cárcel de Ravenwood
              en Waller County, Texas
Despojada de mi indomable cuerpo negro

Fui detenida sobre el asfalto negro
              de la Carretera 29 por Encinia, Oficial de la Policía
Era un negro crepúsculo   Yo iba manejando siendo negra
El Sr. Encinia preguntó por qué estaba molesta
Contesté a lo que me preguntó
Al Sr. Encinia no le gustó mi tono
              que era negro
El Sr. Encinia me dijo que soltara mi cigarrillo
              me negué
Amenazó con iluminar mi cuerpo negro
              con su *Taser*
Fui sacada de mi automóvil negro
              en un crepúsculo negro
Protesté   me puso esposas negras
Le recité mis derechos negros

$5,000 de fianza   dónde iba yo a conseguir 5,000 dólares negros
De acuerdo al Reporte de la Autopsia
Cuelgo de un cable negro
En la cárcel de Ravenwood   en Waller County, Texas
              Despojada de mi indomable cuerpo negro

DEATH COMES FOR FREDDIE GRAY

was Freddie Gray running away
or   was Freddie running toward the cop
but getting smaller   as he was told to stop
it was a day   like any other day
in Baltimore   it was gray
like Ferguson   it was brown
so they say   Michael Brown was running toward the cop
so it was said   he got larger   then he was dead

it was a gray day   for Walter Scott when he was shot
he was running away   but got larger to the cop
who told him to stop   so he got shot   for running away
a very gray day when it is not clear where a man should run

it was a gray day for Eric Garner
maybe it was brown   when they laid a wreath
some say Eric said   *I can't breathe*
no one could confirm   no one knew for sure

even cameras lie   a cloud murmured with a sigh
the moon concurred   the sun demurred
that Freddie Gray was born to die
his spine was not aligned   when he was born
some say   Freddie Gray should have run back
not away   so his spine could re-align
and he would be alive today   would Freddie Gray

LA MUERTE LLEGA PARA FREDDIE GRAY

¿estaba Freddie Gray corriendo
o   Freddie corría hacia el policía?
pero se hizo pequeño   cuando se le ordenó detenerse
era un día   como cualquier otro día
en Baltimore   era gris
como Ferguson   era café
eso dicen   Michael Brown corrió hacia el policía
eso se dijo   se agrandó   entonces estaba muerto

era un día gris   para Walter Scott cuando le dispararon
él estaba corriendo   pero se le hizo grande al policía
quien le pidió detenerse   por eso le disparó   por correr
un día muy gris si no está claro por dónde debe correr un hombre

era un día gris para Eric Garner
quizás era café   cuando le pusieron una corona mortuoria
dicen que Eric dijo   *No puedo respirar*
nadie podría confirmarlo   nadie lo supo con certeza

hasta las cámaras mienten   una nube murmuró un suspiro
la luna coincidió   el sol no quiso decir
que Freddie Gray nació para morir
su columna no estaba alineada   cuando nació
algunos dicen   que Freddie Gray debió haberse acercado
no alejarse   para que su columna se re-alineara
y estaría vivo hoy   estaría Freddie Gray

CONSIDERING THE WOLF

You stalk me
without absolving, without condemning
under flickering constellations

without imploring, without deliberation
without binding me in white shawl
without drowning me in black waters

You bite, anguished and extravagant
for I am vulnerable in your territory
the tundra of your longing
the desert of your return
my skin is no longer hungry and panting
my veins are yours, your claws, your teeth

You roam the night sands
and draw drops of blood each hour
more than fifty years, you rumble in my head
—still

Your howl tears my throat
I now speak your language
no longer understand myself

Do not lament my roving tongue
do not follow my gray path
but growl for my allegiance to your call
and the inscrutable path of The Father

EN CONSIDERACIÓN AL LOBO

Me acechas
sin absolver, sin condenar
bajo constelaciones parpadeantes

sin implorar, sin deliberar
sin envolverme en una frazada blanca
sin ahogarme en aguas negras

Muerdes, angustiado y extravagante
puesto que soy vulnerable en tu territorio
la tundra de tus añoranzas
el desierto de tu regreso
mi piel ya no está hambrienta y anhela
que mis venas sean de ti, de tus garras, de tus dientes

Vagas por las arenas nocturnas
y derramas gotas de sangre cada hora
desde hace más de cincuenta años, retumbas en mi cabeza
—todavía

Tu aullido rasga mi garganta
ahora hablo tu idioma
y ya no me entiendo

No lamentes mi lengua vacilante
ni sigas mi sendero gris
pero gruñe por mi lealtad a tu llamado
y al inescrutable camino del Señor

Who must lead his son to your jaws
and leave his bones
      disfigured
            on the jagged plain

Quien deberá guiar a su hijo hacia tus fauces
y dejar sus huesos
      desfigurados
            sobre la planicie pedregosa

WHEN

When night falls
When mouths open
In taut pitch   frozen
When eyes stare   hollow
When children of stone   bone for the boxcar
In no special order   slump to the floor

When slabs of bone   in angles unknown
Dumped into a pit   limbs akimbo
When arms (or what once were arms)
And legs (or what once were legs)
And ribs and hips and ankles
A raw mountain to the mute stars

When hair is carefully arranged in sacks
When dentures   teeth   placed in rows
When dolls and small trains and toy soldiers
And spectacles and bracelets and rings
Are placed in rows for the next
And the next   for   no one knows

This is when we

this is when

this is

this

yisgadal veyiskadah shmey raba...

CUANDO

Cuando la noche cae
Cuando las bocas abiertas
En tono tenso   congeladas
Cuando los ojos contemplan   vacíos
Cuando los niños de piedra   huesos para el furgón
Sin ningún orden en especial   arrojados al suelo

Cuando tramos de huesos   en ángulos desconocidos
Desechados en un hoyo   extremidades dispersas
Cuando brazos (o lo que fueron brazos)
Y piernas (o lo que fueron piernas)
Y costillas y caderas y tobillos
Son una montaña en bruto para las estrellas mudas

Cuando el cabello es puesto cuidadosamente en costales
Cuando las dentaduras postizas dientes son puestos en hileras
Cuando muñecas y pequeños trenes y soldados de juguete
Y gafas y pulseras y anillos
Son puestos en hileras para lo que sigue
Y lo que sigue   es   nadie sabe

Esto es cuando nosotros

esto es cuando

esto es

esto

yisgadal veyiskadah shmey raba...

SHANTY BY THE TRACKS

In Twin Branch, West Virginia where paved road
Gives way to dirt before winding up to pines,
In Twin Branch where life folds
And the graveyard has no signs

How's John boy? Sabrina asked Marie one white winter morn
Black dirt winding round the pines
John boy had another seizure the other night said she
Staring past the graveyard, staring past the pines

He's in the undertow said she *in a hole*
No way out here in a shanty by the tracks
She drizzles honey on a homemade biscuit in a bowl
Stares at ants crawling round the cracks

I'm 30 years old, carrying my life in a pack
Said John boy as he stared across the track
Staring past the graveyard, past the pines
Staring down the bowl, looking for a sign

Momma Marie said *There ain't no signs*
Here in Twin Branch in the shadow of the pines
The sun ain't risen since the coal mine left the town
John boy dropped his spoon but it didn't make a sound

It didn't make a sound as the planet spun around
As the undertow came in 'neath the shadow of the pine
As John boy and Marie listened, listened for a sound
They stared down the bowl, looking for a sign

EN UNA CHOZA JUNTO A LAS VÍAS

En Twin Branch, West Virginia, donde el camino pavimentado
Da paso a la terracería antes de acabar entre los pinos,
En Twin Branch, donde la vida se pliega
Y el cementerio no tiene nombre

¿Cómo está el muchacho John? Sabrina le preguntó a Marie
                        una blanca mañana invernal
La terracería negra serpenteando entre los pinos
El muchacho John tuvo otra convulsión anoche dijo ella
Mirando más allá del cementerio, mirando más allá de los pinos

Él está sofocándose dijo ella *en un agujero*
Sin salida aquí en una choza junto a las vías
Ella rocía miel sobre una galleta casera en un tazón
Mira a las hormigas caminar por las grietas

Tengo 30 años, cargo mi vida en un envoltorio
Dijo el muchacho John mirando al otro lado de las vías
Mirando más allá del cementerio, más allá de los pinos
Mirando en el tazón, buscando una señal

Mamá Marie dijo *No hay señales*
Aquí en Twin Branch a la sombra de los pinos
El sol no ha salido desde que la minera de carbón se fue del pueblo
El muchacho John dejó caer su cuchara pero ésta no hizo ruido

No hizo ruido mientras el planeta giraba
Cuando el sofoco llegó debajo de la sombra del pino
Mientras John y Marie escuchaban, atentos a cualquier ruido
Mirando en el tazón, buscando una señal

41

GARDENDALE, TEXAS

From the glass of her tin-roofed shack
Mary Vargas can glimpse a miraculous world
As close as dust kicked up by trucks roaring black
As distant as the sky unfurled

Mary walks out her front yard
Where the chewed off leg of a feral hog
Rots outside, a towering gas flare dwarfs her frame
Scorching the moon, the howling dog

The scorpion has planted her fang
In the heart of Eagle Ford
Pumping shale into throats that hang
Gasping for stars on ebony cord

Mary wanders in a patch of mesquite
In country of spider, country of brush
The coyotes follow, hear her beat
Searching for tap water, buzzards circling in a hush

In the county of Gush, Mary returns to her shack
To cook spaghetti for her three girls
A portrait of The Last Supper hanging on the black
Gazing at three girls, staring at the Immaculate World

    As distant as the sky unfurled

GARDENDALE, TEXAS

Desde el cristal de su choza de techo de lámina
Mary Vargas puede atisbar un mundo milagroso
Cercano como el polvo que levantan los camiones rugiendo negro
Distante como el cielo que se extiende

Mary sale al patio frontal
Donde la pierna mordisqueada de un cerdo salvaje
Se pudre, una gran llamarada de gas empequeñece su figura
Abrasando a la luna, al perro que aúlla

El escorpión ha clavado su aguijón
En el corazón de Eagle Ford
Bombea gas esquisto hacia gargantas que cuelgan
Jadeando por estrellas sobre cordones de ébano

Mary camina por un parcela de mesquites
En el país de las arañas, el país de las malezas
Los coyotes la siguen, escuchan su latido
Buscando agua de la llave, los zopilotes revolotean en silencio

En el condado de Gush, Mary regresa a su choza
A cocinar espaguetis para sus tres niñas
Un retrato de la Última Cena cuelga en la obscuridad
Mirando a tres niñas, que contemplan el Mundo Inmaculado

Tan distante como el cielo que se extiende

TELL THEM OF YURI

See Yuri, 8 year old Peruvian girl
Skull crushed in, legs wrapped in cable
On the outskirts of Lima, lying near the mill
Still as a frieze, still as a fable

Tell this girl, tell Yuri, *this is the world*
Tell this girl (if you are able)
While you serve artichokes, serve leafy folds
To cozy cheeks at a dinner table

Tell the little ones, tell them (if you are able)
Of the bruise across the thigh
Tell them of the wind, tell them of the fable
Tell them of her torso splayed across the sky

Of her ankles bound in underwear
Tell them of the river, tell them of the tear
The bloody mattress sliced down by a third
Listen to the condor's call, see the rising of the bird

His plumage blackening the sun, hear his cry
Blackening the little girl, ankles bound in underwear
Bloody brow, skull and tear, splayed across the sky
Tell them of Yuri, lying near the mill

Tell them (if you dare)

DÍGANLES DE YURI

Vean a Yuri, una niña peruana de 8 años
Con el cráneo aplastado, sus piernas envueltas con cables
A las afueras de Lima, yaciendo cerca del molino
Inmóvil como un friso, inmóvil como una fábula

Díganle a esta niña, díganle a Yuri, *éste es el mundo*
Díganselo a esta niña (si son capaces)
Mientras llevan ustedes alcachofas, hojas de frondosas verduras
A sus confortadas mejillas en la mesa de la cena

Díganles a los niños, díganles (si son capaces)
Del moretón que le cruza el muslo
Díganles del viento, díganles de la fábula
Díganles de su torso desplegado por el cielo

De sus tobillos atados con ropa interior
Díganles del río, díganles de la lágrima
Del colchón ensangrentado rebanado en un tercio
Escuchen la llamada del cóndor, observen al ave elevarse

Su plumaje ensombreciendo al sol, escuchen su grito
Ensombreciendo a la pequeña, sus tobillos atados con ropa interior
Ensangrentada ceja, cráneo y lágrima extendidos por el cielo
Díganles de Yuri, que yace cerca del molino

Díganles (si se atreven)

NOEMÍ ÁLVAREZ QUILLAY

Noemí Álvarez Quillay, 12 years of age, hung from a rod
In the bathroom of a shelter in Ciudad Juárez, México—
She started her 6,500 mile journey from the shack of her
                                                    grandfather
In Quito, Ecuador, across dirt roads
That cut through dry corn fields

Noemí hung from a shower rod
Staring past the shanties in Ciudad Juárez, México—
Staring at a photo of her mother and father
Calling her to come to them across dirt roads
Come to their home in the City of Queens, City of Gold Fields

Noemí hung stiff as a rod
Roaming cross fields with Coyotes outside Ciudad Juárez,
                                                    México—
Roaming with a photo of her mother and father
Black wing of the Condor hovering black roads
Wing of the Condor hovering over City of Gold Fields

Some say Noemí is a rod
A rod of iron, an iron wall outside Ciudad Juárez, México—
The call of Coyotes, call of mother and father
Roaming with Coyotes over black roads
Riding wing of the Condor past the City of Gold Fields

NOEMÍ ÁLVAREZ QUILLAY

Noemí Álvarez Quillay, 12 años de edad, colgaba de un tubo
En el baño de un refugio en Ciudad Juárez, México—
Empezó su viaje de 6,500 millas desde la choza de su abuelo
En Quito, Ecuador, cruzando caminos de terracería
Que atraviesan los campos de maíz seco

Noemí colgaba del tubo de una regadera
Mirando más allá de las chozas de Ciudad Juárez, México—
Contemplando una foto de su mamá y de su papá
Que la llaman para ir con ellos cruzando caminos de terracería
Hasta su casa en la Ciudad de Queens, la
                    Ciudad de los Campos de Oro

Noemí colgaba rígida como un tubo
Vagando con los Coyotes por los campos a las afueras de
                    Ciudad Juárez, México—
Vagando con una foto de su mamá y de su papá
El ala negra del Cóndor se cierne sobre los caminos negros
El ala del Cóndor se cierne sobre la
                    Ciudad de los Campos de Oro

Dicen que Noemí es un tubo
Un tubo de acero, un muro de acero a las afueras de
                    Ciudad Juárez, México—
El llamado de los Coyotes, el llamado de mamá y papá
Que vaga con los Coyotes por los caminos negros
Cabalgando sobre el ala del Cóndor más allá de la
                    Ciudad de los Campos de Oro

CITY OF SLAUGHTER

In the city of Slaughter
In the Borough of *Necessary Murder*
The hill of corpses that do not matter
Are scattered in the starlight

Corpses pile high in the crossing of the nightline
Velvet liquid flows along the carving of the track
Do not peak, do not glance into the shadow of the warrens
Do not cross the plaza or the body of a neighbor

Neighbors disappear in the flickering of flashlight
Mourning sighs are muffled in the crook of someone's elbow
Do not listen, do not breathe, do not shuffle
Huddle in the corner where the fleas lick the night

Do not seek a bench on the edges of the river
Do not sit and and gaze at the branches of the woodland
Do not let your head lean forward in a slumber
Or you might see your eyes looking up at you in wonder

LA CIUDAD DE LA MATANZA

En la ciudad de la Matanza
En el Barrio del *Asesinato Necesario*
La colina de cadáveres que no importan
Dispersos a la luz de las estrellas

Los cuerpos se apilan en el cruce de la línea nocturna
Líquido terciopelo fluye por el canal de la vía
No te asomes, no mires hacia la sombra de las barriadas
No cruces por la plaza o sobre el cuerpo de un vecino

Los vecinos desaparecen en el parpadeo de una linterna
Los lamentos de duelo se sofocan en la curva del codo de otro
No escuches, no respires, no arrastres los pies
Acurrúcate en la esquina donde las pulgas lamen la noche

No busques una banca a las orillas del río
No te sientes a mirar las ramas del bosque
No te quedes cabeceando aletargado
O podrías ver tus ojos mirándote perplejos

THE INCONVENIENT CITIZEN

Dress him up as mannequin
Drape him in posters and the finest slogans
Speak to him, tell him who he should be
What he should want, what he should see

Tell him—*Listen, little man*
Wear our raffish finery
Be bold, be our Napoleon
Of the pantry, of the forks, of the steering wheel

Drive to the far country, four-wheel drive
Anti-lock brakes, Bullets and Burgers
Aromatic grenade launchers, picnic on the grass
Casino *Coup d'état*, Casino *Coup de grâce*

Look for the secret of the cards
Under the hood, WonderWheel of Fortune
The Queen of Spades, Jack
Of all trades,   luck of the draw

In the Hall of Lottery, the fakery
The prose—*you done it, you dood it*
You are The Man, The Fun, The Find
Summa cum laude, über alles, uno animo
                         with one mind

EL CIUDADANO INCÓMODO

Vístanlo como maniquí
Cúbranlo de anuncios y de los mejores *slogans*
Háblenle, díganle quién debiera ser
Qué debería querer, qué debería ver

Díganle —*Escucha, hombrecito*
Ponte nuestra vulgar bisutería
Sé audaz, sé nuestro Napoleón
De la despensa, de los tenedores, del volante

Conduce al país lejano, tracción cuatro ruedas
Frenos antibloqueo, Balas y Hamburguesas
Lanzadores de granadas aromáticas, día de campo en el pasto
Casino *Coup d'état*, Casino *Coup de grâce*

Busca el secreto de los naipes
Bajo el capó, la Maravillosa Rueda de la Fortuna
La Reina de Espadas, El Comodín
De todas las artes,   cuestión de suerte

En el Salón de la Lotería, la farsa
La prosa —*lo has hecho, ya la hiciste*
Tú eres El Hombre, La Diversión, El Hallazgo
Summa cum laude, über alles, uno animo
                                        con una mente

Bernard Block

THE END OF NIGHT

Where is the land of shadow
Where is the night
We are bathed in glare of chrome
We are blinded by the light

It is light we fear, aluminum flare
Glare of steel   and silverware
The sterility that shines
From hospitals, hotel signs

The offices that blink awake
The padded cell, the gilded snake
That wraps its loin around the eyes
Where the twilight slowly dies

In the ebony of sigh
We once heard coyotes cry
In the rising of the fall
We once heard the owl's call
In the dawn of fallen night
We once heard the eagle's flight

We see all
Know not at all
Bathed in light's
Eternal Pall

EL FINAL DE LA NOCHE

Dónde está la tierra de sombra
Dónde la noche
Bañados en brillos cromados
Estamos cegados por la luz

Es la luz a lo que tememos, bengala de aluminio
Brillo de acero   y vajilla de plata
La esterilidad que emana
De los hospitales, letreros de hotel

Las oficinas que parpadean despiertas
La celda acolchada, la serpiente dorada
Que enrolla su cuerpo alrededor de los ojos
Donde el crepúsculo muere lentamente

En el ébano del suspiro
Alguna vez oímos aullar a los coyotes
En el alba de la caída
Alguna vez oímos el llamado del búho
En la madrugada de la noche vencida
Alguna vez oímos el vuelo del águila

Lo vemos todo
Pero no sabemos nada
Bañados en la luz
del Velo Eterno

SEE A HUNDRED GIRLS...

(for the daughters of Nigeria kidnapped by Boko Haram)

See a hundred girls huddled in a clearing of the reeds
Hear them reciting verses from the Holy Book of Creeds
See them bowing softly, softly on their knees
Bow their heads, draped in *hijabs*, in a cleaving of the weeds

Do you hear a threnody in the whisper of the breeze
Do you hear an elegy in the splitting of the seeds
Do you hear a rustling in the silence of the trees
Do you hear a liturgy, the liturgy of leaves

The mothers and the fathers listen to the sky
See the buzzard circling with a question in his eye
Listen to the threnody in the bending of the reeds
Listen to the elegy in the splitting of the seeds

Hear Muhammad weeping in the cleaving of the weeds
Hear the silence of the river, the silence of the trees
Hear the silence of the lion roaming the distant sky
See the buzzard circling with a question in his eye

A question to the river, a question to the trees
A question to the children, bowing on their knees
Where is the broken Father, where is the Holy Ghost
Why are the children chanting past the Lord of Hosts

MIRA A CIEN MUCHACHAS…

(para las hijas de Nigeria secuestradas por Boko Haram)

Mira a cien muchachas acurrucadas en un claro del cañaveral
Escúchalas recitar versos del Santo Libro de los Credos
Míralas inclinarse suavemente, suavemente arrodilladas
Inclinando sus cabezas cubiertas con *hiyabs*, por una abertura
                                                entre la maleza
¿Escuchas un lamento en el susurro de la brisa?
¿Escuchas una elegía al dividirse las semillas?
¿Escuchas un crujido en el silencio de los árboles?
¿Escuchas una liturgia, la liturgia de las hojas?

Las madres y los padres atentos al cielo
Ven al buitre dando vueltas con una pregunta en su ojo
Escucha el lamento al doblarse las cañas
Escucha la elegía al dividirse las semillas

Escucha a Mahoma llorando por una abertura entre la maleza
Escucha el silencio del río, el silencio de los árboles
Escucha el silencio del león que vaga por el lejano cielo
Mira al buitre dando vueltas con una pregunta en su ojo

Una pregunta para el río, una pregunta para los árboles
Una pregunta para las niñas, inclinándose sobre sus rodillas
¿Dónde está el Padre abatido, dónde el Espíritu Santo?
¿Por qué las niñas cantan sin que las oiga el Señor de los Ejércitos?

Bernard Block

IN FLANDERS FIELDS—a variation

after the poem by John McCrae, 1915

In Flanders Fields the poppies blow
To fields that we will never know;
We are the Dead. Short days ago
We felt the dawn, the sunset glow

Our Leaders ordered us to go
To places we will never know
Who is friend, who is foe
The field of Char is all we know

Worms crawl through the skull of light
Larks swirl up in harried flight
They can neither sing nor pray
For faces melded into clay

See the circling of crow
Who wonder at the fields below
Of flies who buzz and only know
The stench of food the breezes blow

In Flanders Fields the poppies grow
But flee to fields that never know
The flies that buzz, the circling crow
Who is friend, who is foe

EN FLANDERS FIELDS —una variación

basado en el poema de John McCrae, 1915

En Flanders Fields las amapolas vuelan
Hacia campos que jamás conoceremos;
Somos los Muertos. Hace pocos días
Sentíamos el amanecer, el resplandor de la puesta de sol

Nuestros Líderes nos ordenaron ir
A lugares que jamás conoceremos
¿Quién es amigo, quién es enemigo?
El campo de Char es todo lo que conocemos

Los gusanos se arrastran por el cráneo de la luz
Las alondras remolinan en vuelo errático
No pueden cantar ni rezar
Por los rostros fusionados con el barro

Mira rondar los cuervos
Que se maravillan de los campos allá abajo
De las moscas que zumban y solo saben
Del hedor a comida que les traen los vientos

En Flanders Fields las amapolas crecen
Pero huyen hacia campos que jamás conocen
Las moscas que zumban, los cuervos que rondan
Quién es amigo, quién es enemigo

THE PREDATOR SPEAKS

A thousand fingers soldered fine
The bits within my brain
My master sings his tune of sight
My wires taut refrain

We survey the valley wide
The ways of rocks and man
Man and woman come and go
In vectors of my scan

My master's voice I must obey
His vision born in sigh
His tender palm upon my clutch
I cannot but reply

His fingers touch my quivering keys
My screen alights his eye
I embrace his power to know
His Truth becomes my Lie

HABLA EL DEPREDADOR

Mil dedos bien soldados
Los bits dentro de mi cerebro
Mi amo canta su melodía visionaria
Mis cables tenso estribillo

Examinamos el valle a lo ancho
Los caminos de piedras y hombres
Hombre y mujer van y vienen
Por los vectores que escudriño

Debo obedecer la voz de mi amo
Su visión nace en un suspiro
Su palma tierna sobre mi palanca
No puedo sino responder

Sus dedos tocan mis teclas temblorosas
Mi pantalla se posa en sus ojos
Abrazo su poder de saber
Su Verdad se convierte en mi Mentira

THE PILOTS OF THE DRONES

They await instructions from the sky
Who will live, who will die
Who will see the cattle born
Branded with the heel of thorn

A swamp of lilies oozing blood
What Noah saw before the Flood
Saw seeds of iron on the path
Spitting out the *Grapes of Wrath*

The thorns that bit the brow of Lord
Who saw the meek strung out on cord
While David plucked in meek accord
To scales that spit the flame of Lord

They spit the flame on ashen field
With bits of flesh and tongue revealed
They watch with eye the sodden plain
Left for some oracle to explain

LOS PILOTOS DE LOS DRONES

Esperan instrucciones desde el cielo
Quién vivirá, quién morirá
Quién verá nacer al rebaño
Marcado con el tacón de la espina

Un pantano de lirios que rezuma sangre
Lo que Noé vio antes del Diluvio
Vio semillas de hierro en el sendero
Escupiendo las *Viñas de la ira*

Espinas clavadas en la frente del Señor
Quien vio a los mansos encadenados
Mientras David era despojado en manso acuerdo
En escalas que escupían la flama del Señor

Ellos escupen flamas sobre el campo cenizo
Con trozos de carne y lengua revelados
Vigilan con sus ojos la llanura empapada
Dejemos que algún oráculo lo explique

ARE THERE STILL BORDERS…

are there still borders
more than ever
severed head   dangling
from bridge in Falluja
the man soaked in gasoline
motor bike dangling   from bridge in Vienna

are there still borders
in the land of marionettes   following orders
no one remembers who gave the orders
or what the orders were
we just know there are borders
wires light up   pulsing laser beam

if you see something   tell Security
he will light them up   laser beam
every man   sunk in his screen
waiting for the angel   flapping chicken wings
we're waiting for her   to light us up
are there still borders   more than ever

they're building once again in Falluja
once again ground to dust
contracting chicken coops   for fallen angels
flapping solemnly   across the sea
wires light up   pulsing laser beam
are there still borders   look down   look down

at your screen

HAY TODAVÍA FRONTERAS...

hay todavía fronteras
más que nunca
cabeza cercenada   colgando
de un puente en Falluja
el hombre empapado en gasolina
motocicleta colgando   de un puente en Viena

hay todavía fronteras
en la tierra de las marionetas   siguiendo órdenes
nadie recuerda quién dio las órdenes
o qué órdenes fueron
solo sabemos que hay fronteras
cables encendidos   rayos láser pulsando

si ves algo   avisa a un agente de Seguridad
que los alumbrará   con rayo láser
cada hombre   hundido en su pantalla
espera al ángel   que agita sus alas de pollo
lo esperamos   para que nos ilumine
hay todavía fronteras   más que nunca

están construyendo otra vez en Falluja
otra vez se demuele
se montan gallineros   para ángeles caídos
que aletean solemnes   al otro lado del mar
cables encendidos   rayos láser pulsando
hay todavía fronteras   mira abajo   mira abajo

en tu pantalla

IN MEMORIAM

for Gabriel García Márquez

The scent of jasmine in the garden
Was a silent ghost
He walked with him, he talked with him,
Was this the Lord of Hosts

He saw the drought, the killing flood
The plague of locust cross the skies
A rocking chair floating in the mud
A skull graced with *Lord of Flies*

His father painted his workshop white
So the child could paint his tears
He saw a fountain filled with blood
So the child would paint his prayers

Plagues of insomnia, a cluster of grapes
Containing the secret of death
An all night rain of yellow blossoms
Containing the secret of breath

He saw cattle branded by man
Splayed across the sky
He saw the chain, the rusted can
The rotted fruit dining with the fly

In the end he returned to the garden
With jasmine in the air
He walked with the ghost, the Holy Ghost
And offered him one tear

IN MEMORIAM
para Gabriel García Márquez

El aroma de jazmines en el jardín
Era un espíritu silencioso
Caminaba con él, hablaba con él,
¿Sería éste el Señor de los Ejércitos?

Vio la sequía, la inundación mortal
La plaga de langostas cruzar los cielos
Una mecedora flotando en el barro
Un cráneo adornado con *El señor de las mosca*s

Su padre pintó su taller de blanco
Así el niño podría pintar sus lágrimas
Vio una fuente llena de sangre
Así el niño pintaría sus oraciones

Plagas de insomnio, un racimo de uvas
Que contiene el secreto de la muerte
Una lluvia de flores amarillas toda la noche
Que contiene el secreto de la respiración

Vio el ganado marcado por el hombre
Desplegado por el cielo
Él vio la cadena, la lata oxidada
La fruta podrida que cena con la mosca

Al final regresó al jardín
Con jazmines en el aire
Caminó con el espíritu, el Espíritu Santo
Y le ofreció una lágrima

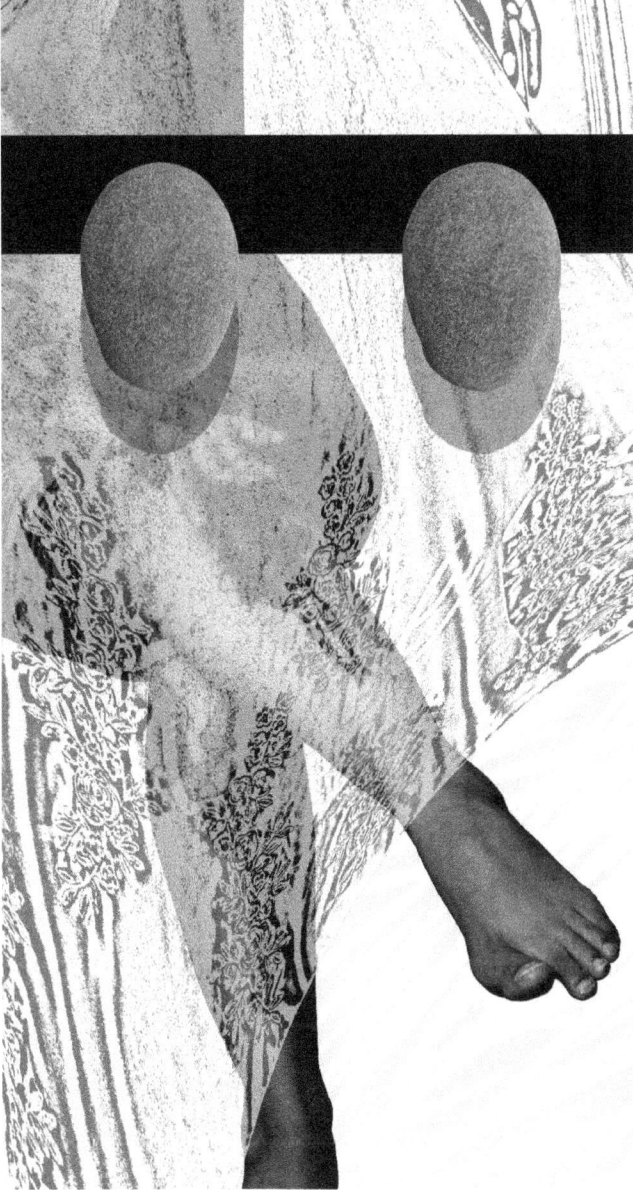

MARY MAGDALENE AND THE STONERS

Mary did not wear a robe
They saw her dress, her ankle curve
She touched a nerve, an eyeball swerve
The men confessed, they were stressed

They were distressed, they confessed
By her swerve, her ankle curve
Her tilt of breast, the lilt of dress
They could not rest, in their distress

They dragged Mary to the green
Wanted all to see, be seen
Their gaze was keen,   *Strip her clean*
She must confess,   the men were stressed

The Men of Stone, eyes of bone
Picked up stone, cold as moan
Mary saw the Wife of Bath
Spitting back the *Grapes of Wrath*

She told the Stones they were Unblessed
They should swallow their distress
She demanded Word of Bone
Who was pure in World of Stone

The Stones, amazed, bowed down to bless
Mary in her silken dress
The men confessed, they were stressed
Touched her palm, Holy Balm

MARÍA MAGDALENA Y LOS LAPIDADORES

María no vestía túnica
Vieron su vestido, la curva de su tobillo
Les tocó un nervio, echaron una ojeada
Los hombres confesaron, estaban tensos

Estaban inquietos, confesaron
Que por su vaivén, por la curva de su tobillo
El oscilar de su pecho, el vuelo del vestido
No podían descansar, en su inquietud

Arrastraron a María hacia el prado
Todos querían ver, ser vistos
Su mirada era penetrante, *Desvístanla toda*
Ella debe confesar, los hombres estaban tensos

Los Hombres de Piedra, ojos de hueso
Recogieron piedras, frías como gemidos
María vio a la Esposa de Bath
Escupir las *uvas de la ira*

Les dijo a los Lapidadores que eran Desgraciados
Que deberían tragarse su inquietud
Ella exigió la Palabra del Hueso
Quién era puro en el Mundo de Piedra

Los Lapidadores, atónitos, se inclinaron para bendecir
A María en su vestido de seda
Los hombres confesaron, estaban tensos
Tocaron su palma, Bálsamo Sagrado

Bernard Block

LIFE *UNDER THE GREEN PEPPERMINT TREES*

after Brecht / Eisler songs

Yes   we are a happy people
We live *under green peppermint trees*
In *the city named after the angels*
Every morning to earn our bread
We pass the swamp and arms
Reaching out from the shades   shadows of warrens
Warrens of no-name   we are instructed by
Prompts that come from devices
To ignore the arms   arms that withdraw
Back to shadows   re-attach to
Bodies   bodies of no-name

We are ruled by Rat-Men
Who nibble around edges
That speak in voices we hear
In devices that tell us
What to think   what to do   what to say
That speak in voices called advertisements
To tend to our garden of green peppermint trees
To call our city the City of Yes
The city named after the angels
To earn our bread and ignore the arms
Reaching out from the shades

       shadows of warrens

        warrens of no-name

LA VIDA *BAJO LOS ÁRBOLES DE MENTA VERDE*

basado en canciones de Brecht / Eisler

Sí,   somos un pueblo feliz
Vivimos *bajo los árboles de menta verde*
En *la ciudad que lleva el nombre de los ángeles*
Cada mañana para ganar nuestro pan
Pasamos el pantano y los brazos
Que salen desde las tinieblas   sombras de guaridas
Guaridas sin nombre   somos instruidos por
Avisos que provienen de dispositivos
Para ignorar los brazos   brazos que se retiran
De vuelta a las sombras   para conectarse de nuevo a
Cuerpos   cuerpos sin nombre

Estamos gobernados por Hombres-Rata
Que roen los bordes
Que hablan con voces que escuchamos
En dispositivos que nos dicen
Qué pensar   qué hacer   qué decir
Que hablan en voces llamadas anuncios
Para cuidar nuestro jardín de árboles de menta verde
Para llamar a nuestra ciudad la Ciudad del Sí
La ciudad que lleva el nombre de los ángeles
Para ganar nuestro pan e ignorar los brazos
Que salen desde las tinieblas

    sombras de guaridas

    guaridas sin nombre

Bernard Block

IN THE GARDEN

inspired by C. Austin Miles, composer (1868-1946)

I come to the garden alone
While dew as blood, bends the roses
And the voice I hear, far and near
Questions what it discloses

He sees a fountain filled with blood
While dew is still on the roses
He bends on knee and questions me
As a petal opens and discloses

A man who walks alone and sees
The forces align as by design
The trees, the clouds, the crimson seas
Fold back into the roses

He walks with me, he talks with me
He bends among the roses
He sees the clouds, beyond the seas
The dew that bends the crimson roses

EN EL JARDÍN

inspirado por C. Austin Miles, compositor (1868-1946)

Vengo al jardín solo
Mientras que el rocío como sangre, inclina las rosas
Y la voz que escucho, lejos y cerca
Pregunta lo que revela

Él ve una fuente llena de sangre
Cuando el rocío está todavía en las rosas
Él se arrodilla y me pregunta
Como un pétalo se abre y se revela

Un hombre que camina solo y ve
Las fuerzas alineadas por un designio
Los árboles, las nubes, los mares carmesíes
Plegados adentro de las rosas

Él camina conmigo, él habla conmigo
Él se inclina entre las rosas
Mira las nubes, más allá de los mares
El rocío que inclina las rosas carmesíes

PALE MOON

O moon   mirror   phase white
moving in reflected light
move in melancholy flight
blinded in the glare of night

crescent moon   *luna creciente*   rising
full moon   *luna llena*   dying

moving on your iron course
chained to earth with iron force
bound to earth's magnetic thread
to chords once heard   forever fled

O mirror of reflected light
frozen in the chords of night
sing your lullaby of leaves
to the gnarled branch of trees
that plucks the chord of your dismay
in the glare of dawn's slit ray

LUNA DESCOLORIDA

Oh luna   espejo   fase blanca
moviéndose en luz reflejada
te mueves en vuelo melancólico
cegada en el resplandor de la noche

luna creciente   *luna creciente*   elevándote
luna llena   *luna llena*   muriendo

moviéndote en tu órbita de hierro
encadenada a la tierra con la fuerza del acero
atada a la hebra magnética de la tierra
a los acordes alguna vez oídos   idos para siempre

Oh espejo de luz reflejada
congelada en los acordes de la noche
cantas tu canción de cuna de hojas
a las ramas nudosas de los árboles
que pulsan la cuerda de tu desaliento
en el resplandor de la luz que hiende el alba

SUNKEN MOON

With passions childishly overt
You touch the sunken moon
Reach beyond to convert—
Ashen light beyond the tune

Your quivering keys will assert
Harmonies that rim the moon
Those that disbelieve—convert—
Sing a disbelieving tune

The touch, the rim, the tune—invert—
A wonder to the swollen moon
So that within becomes overt—
Dissonance becomes the tune

LUNA HUNDIDA

Con pasiones infantilmente explícitas
Tocas la luna hundida
La encuentras más allá para convertirla—
En luz ceniza más allá de la melodía

Tu trémulo teclado afirmará
Armonías que bordean la luna
Aquellos que no creen —convertidos—
Cantan una melodía increíble

El tacto, el borde, la melodía —invertida—
Una maravilla para la henchida luna
Así ese interior se hace explícito—
La disonancia se convierte en melodía

Bernard Block

AND WILL THE PEACOCK TAKE FLIGHT...

for Lawrence Ferlinghetti, poet

Constantly risking absurdity
Back roads to far places
I am waiting
Sometime during Eternity

O rise   Peacock

Beyond the mayhem and dismay
The wings that blot the moon's slit-ray
With sweetness   sublime
O sing   *the high Prophet's Song*

Take flight   swoop down the sky
Hurl birds who intimidate
Who raise their head feathers   in startle displays
In cerulean sky
Sheering of sheep
Allegory of Innocence and Guile
In Gethsemane night
Aurorean Light

In the Vale of Three Tears
Tres lágrimas
La Hora de la Sangre
In the Hour of Blood
Sing your *Madrigal of Madness*
Over *Strand of Despond*
O rise   Peacock
Journey to the end of night

And will the Peacock take flight...

Y EL PAVO REAL LEVANTARÁ EL VUELO...

para Lawrence Ferlinghetti, poeta

Arriesgando constantemente el absurdo
Por caminos secundarios hacia lugares lejanos
Espero
Algún tiempo durante la Eternidad

Oh, elévate   Pavo real

Más allá del caos y del desaliento
Las alas que ocultan el rayo de la luna
Con dulzura   sublime
Oh canta   *el elevado canto del Profeta*

Levanta el vuelo   lánzate en picada desde el cielo
Esquiva a las aves que intimidan
Que levantan las plumas de su cabeza   en agresivos despliegues
En cielo cerúleo
Azote de las ovejas
Alegoría de Inocencia y Engaño
En la noche de Getsemaní
Luz de Aurora

En el Valle de las Tres Lágrimas
Tres lágrimas
La Hora de la Sangre
En la Hora de la sangre
Canta tu *Madrigal de la Locura*
Posado en la *Orilla del Desánimo*
Oh elévate   Pavo real
Viaja hacia el fin de la noche

Y el Pavo real levantará el vuelo...

81

PART II

MEMORIES: APPARITIONS IN THE MIST

RECUERDOS: FANTASMAS EN LA BRUMA

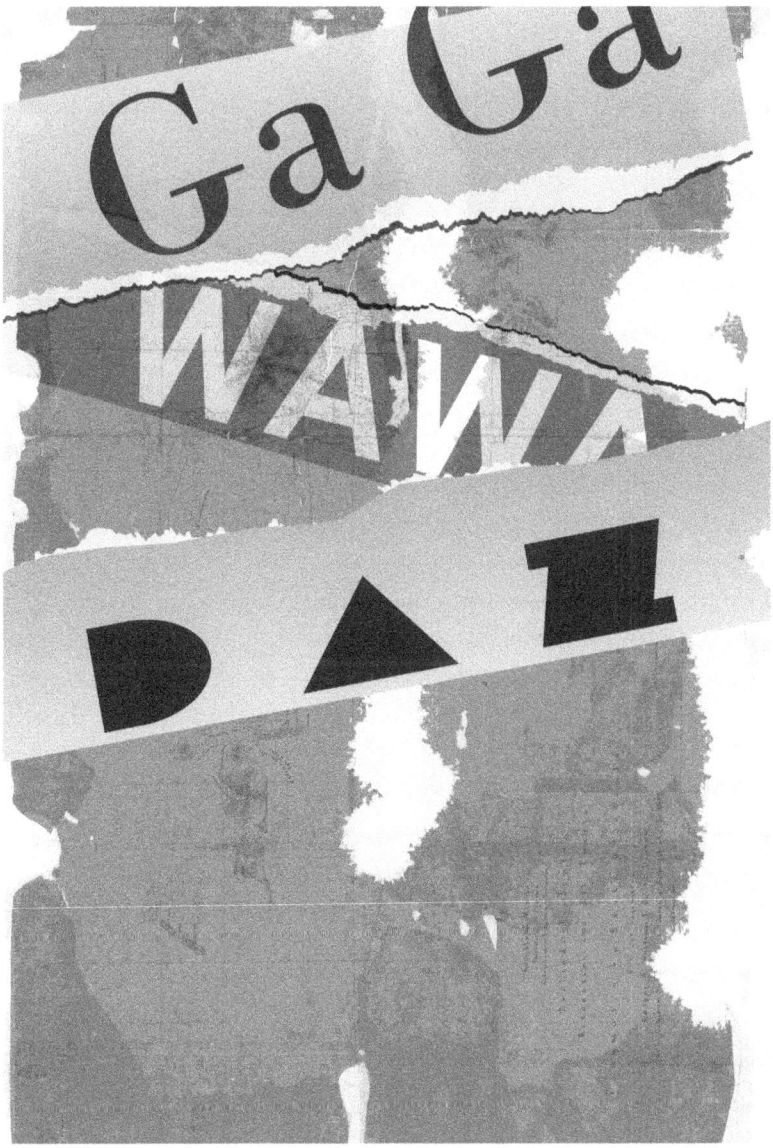

BEFORE POETRY

Cockiga. That's what he said, my brother, age 2. Cockiga was chewing gum. This was before Lady Gaga. Before people went ga-ga. Before go-go dancing. That's what he said. This was before people were cocky. Before American Idol. Before Donald Trump. Jerry Springer. Before dirty dancing. This was cocki before *Howl*, before they arrested Lenny Bruce. Wa-wa. That's what he said. Wa-wa was water. Then he said ha. Ha was light. Wa-wa. Was he thirsty? Wa-wa was water. This was before the sky. What is water? Are we water? Does water want us? What is light? Water is invisible. Light is invisible. Do fish see water? Do we see light? Ha. Ha-ha. This was before Longfellow. Before Hiawatha. Before Evangeline. Before Princess Mini Ha-ha.

Long before this, I said immami. Immami was ice cream. This was before Häagen-Dazs, before rocky road. Immami was what Eve gave Adam. Before tonsils. Before Adam's apple. Before the snake. In the beginning, there was wa-wa. In the beginning, there was ha.

ANTES DE LA POESÍA

Cockiga. Así decía mi hermano de 2 años. Cockiga era la goma de mascar. Eso fue antes de Lady Gaga. Antes que la gente fuese gaga. Antes que bailaran go-go. Así decía. Antes que las personas fuesen engreídas. Antes de American Idol. Antes de Donald Trump. Jerry Springer. Antes del *dirty dancing*. Esto era arrogante antes de *Howl*, antes que arrestaran a Lenny Bruce. Wa-wa. Así decía él. Wa-wa era agua. Luego él dijo ha. Ha era la luz. Wa-wa. ¿Tenía sed? Wa-wa era agua. Esto fue antes que el cielo. ¿Qué es el agua? ¿Somos agua? ¿El agua nos quiere? ¿Qué es la luz? El agua es invisible. La luz es invisible. ¿Ven el agua los peces? ¿Nosotros vemos la luz? Ha. Ha-ha. Esto fue antes de Longfellow. Antes de Hiawatha. Antes de Evangeline. Antes de la Princesa Mini Ha-ha.

Mucho antes que esto, yo dije immami. Immami era el helado. Esto antes de Häagen-Dazs, antes de *rocky road*. Immami fue lo que Eva le dio a Adán. Antes de las anginas. Antes de la manzana de Adán. Antes de la serpiente. En el comienzo era el wa-wa. En el comienzo, era el ha.

Bernard Block

CUM MORTUIS IN LINGUA MORTUA
(with the dead in a dead language)

Jean Block, born May 4, 1910, Warsaw, Russia
(so it is written on the ship's log, 1912)

November 12, 2005, 3:00 pm (the hour your two boys
would return home from school)
drone of the Buddhist prayer of *forgiveness*,
you open your eyes, look at your son, Kenneth,
turn right and look at your son, Bernard

jerk into silence

November 15, 2005, 5:00 pm
drone of the rabbi's prayer
(sung in Hebrew) your coffin lowered
dark earth at Eternal Hills Cemetery,
Jewish section, Oceanside, California

flock of birds leap down the darkening sky

I return to Bath Beach, Brooklyn, Bay 34th St., 124, 132
(where are the trees?) we are not known

walk to the Black Hills (now boxy projects)
Nellie Bly pier (sea planes glided during WW II)
Gravesend Bay
back past the yeshiva
(still see Goodie and Mendy waving
to Leah Youlus, our Hebrew teacher,
last day of school)

CUM MORTUIS IN LINGUA MORTUA
(con los muertos en lengua muerta)

Jean Block, nacida en Mayo 4 de 1910, en Varsovia, Rusia
(así está inscrito en la bitácora del barco, en 1912)

Noviembre 12 de 2005, a las 3:00 pm (la hora en que tus dos
muchachos regresarían a casa después de la escuela)
con el sonido monótono de la oración budista del *perdón*,
abres tus ojos, miras a tu hijo, Kenneth,
volteas a la derecha y miras a tu hijo, Bernard

te estremeces en el silencio

Noviembre 15 de 2005, a las 5:00 pm
con el sonido monótono de la oración del rabino
(cantada en hebreo) tu ataúd es bajado
a la tierra obscura en el Cementerio Eternal Hills,
sección judía, en Oceanside, California

parvadas de aves atraviesan el cielo que se oscurece

Yo regreso a Bath Beach, Brooklyn, Bay 34th St., 124, 132
(¿dónde están los árboles?) no somos conocidos

camino hacia Black Hills (hoy conjuntos multifamiliares)
al muelle Nellie Bly (los aviones planeaban en la Segunda Guerra)
a Gravesend Bay
regreso pasando por la *yeshiva*
(aún veo a Goodie y a Mendy agitar las manos
despidiéndose de Leah Youlus, nuestra maestra de hebreo,
el último día de clases)

back past The Famous Cafeteria (gone)
up Bay Parkway Station,
West End Line (now the D train)
back along elevated line
to the city looming over the bridge

Orchard St. (where you once lived
and bought wool for your needlepoints)
Hester St., Delancey St., Ratner's Dairy Restaurant

(gone)

up Chrystie St., past Gramercy Park
Kips Bay, Turtle Bay,
Coogan's Bluff
peeking into warrens, back alleys,
streets with no name
past figures chatting the air,
solitary, solitary, embroidered with wires,
entranced by sounds only they can hear,
past Hell Gate

listening for your thin voice
beyond the clamouring silence

regreso pasando por la Cafetería The Famous (desaparecida)
hasta la estación Bay Parkway,
de la línea West End (hoy el tren D)
regreso por la línea elevada
a la ciudad que se vislumbra desde el puente

Orchard St. (donde alguna vez viviste
y comprabas hilaza para tus bordados)
Hester St., Delancey St., el restaurante Ratner's Dairy
                                    (desaparecido)
hasta Chrystie St., más allá de Gramercy Park,
Kips Bay, Turtle Bay,
Coogan's Bluff
husmeando en los caseríos, los callejones traseros,
en las calles sin nombre
figuras del pasado charlan con el aire,
solitarias, solitarias, bordadas con alambres,
extasiadas por sonidos que solo ellas pueden escuchar,
más allá de la Puerta del Infierno

esperando oír tu delgada voz
más allá del silencio que clama

Bernard Block

BRIGHTON BEACH, BROOKLYN

Brighton
Beach of white sand   black sky
Skin and salt and sweat
Heaving   twirling
Torsos twining the boardwalk
Where have you gone?

Brighton
Seething   swearing   leaping
Baboon   naked muzzle   banana peel
Hips hips   thighs   elbows   mambo
Your howl   a whimper
The waves whimper on your white sand
Gone
            Gone

Your skeleton chute still towers the rim
Your wheel still whirls and wonders
But your skin   crinkled
Your shout   a thin whisper
Your eyes shot with blood
Get up   throw down your cane   chase us

I bike along the path   zenith to zero   to Brighton
Past Hispanic mothers   babes suckling   chickens clucking in
                                                      crates
Past Russian granite faces pasted to chess boards
Hassidim   black cloaks flapping
Tallis   white shawls   swirling the wind
Sea gulls   praying the wind

BRIGHTON BEACH, BROOKLYN

Brighton
Playa de blanca arena   cielo negro
Piel y sal y sudor
Exhalaciones   piruetas
Torsos entrelazados con el entarimado
¿A dónde te has ido?

El Brighton
Agitado   maldiciente   que brinca
El Mandril   cara desnuda   cáscara de plátano
Caderas caderas   muslos   hombros   mambo
Tu aullido   un gemido
Las olas gimen sobre tu blanca arena
Se acabó
         Se acabó

El esqueleto de tu paracaídas aún domina el paisaje
Tu rueda todavía gira y maravilla
Pero tu piel   arrugada
Tu grito   un delgado murmullo
Tus ojos inyectados de sangre
Levántate   tira tu bastón   persíguenos

Ando en bicicleta el sendero   del cenit a cero   hacia Brighton
Paso madres hispanas   que amamantan   gallinas cacareando
                                  en cajas
Paso rostros de piedra rusos clavados a tableros de ajedrez
Los Hassidim   capas negras revoloteando
Tallis   bufandas blancas   arremolinando al viento
Gaviotas   que rezan en el viento

The wind wailing my back
Leaning   45 degrees   right angle to zero   Brighton
Past black pennies   peals of orange
Sea gulls
              white
                        zooming past zero

El viento se queja a mis espaldas
Me inclino   45 grados   de ángulo recto a cero   Brighton
Paso centavos negros   cascabeles de naranjas
Gaviotas
                blancas
                            como zumbido pasan a cero

Bernard Block

STEEPLECHASE / FUNNY FACE

1953   summer   Coney Island   ½ eaten

Nathan's frankfurter   lying in gutter   ½ eaten man

slumped over curb   Wonder Wheel   roar of the Cyclone

Bobsled   Tornado echoing Mermaid Avenue   Neptune Avenue

Surf Avenue   Gravesend Bay   crowds   sweat   grease

sand   skin   thighs entwined under shadow of boardwalk

thin pencil lines of light   stretching out   was she waving?

               all her life   were we listening?

parachutes floating down

ladies' dresses billowing high

Steeplechase clowns chasing them with clackers   slappers

we laughed, oh how we laughed

that steaming summer

1953

STEEPLECHASE / CARA GRACIOSA

1953   verano   Coney Island   ½ comido

hotdog de Nathan's   tumbado en el arroyo   ½ comido hombre

tumbado en el piso   Rueda de la Fortuna   rugido del Ciclón

Deslizador Tornado retumba Mermaid Avenue Neptune Avenue

Surf Avenue   Gravesend Bay   multitudes   sudor   vaselina

arena   piel   muslos entrelazados bajo la sombra del paseo

delgados trazos de luz   prolongándose   ¿ella saludaba?

                    toda su vida   ¿estuvimos escuchando?

paracaídas descendiendo

vestidos de mujer levantándose

payasos de Steeplechase acosándolas con taca-tacas   tronadores

nos reímos, oh cómo nos reímos

en aquel verano ardiente

1953

Bernard Block

DOMINICK   ANGELO   MIGUEL

I remember
Dominick Basille   Angelo Campano   Miguel
Bath Beach Boys
Butts between ear and skull
Motorcycle jackets
                        pegged-pants   chains

Football   PS 101 school yard   gravel   concrete
Dominick   pumping knees   straight-arm   knee-jerk
Angelo   skull-to-pavement
Brains   sprout   artichoke   squash
Miguel   pounds Dominick   skull-to-pavement
Brains   Brussels sprout   mashed peas   crushed corn

We cheered   O how we cheered

Years later   Big Arena U-S-of-A   Johnny U   hands off to
Jimmy Juice   pumping knees   straight-arm
Sam Huff-huff   skull-to-pavement   no!—*'artificial turf'*
Brains sprout   broccoli   wet spinach
Mike Flick-flak   pounds Sam Huff-huff
Brains   mashed peas   crushed corn

We cheered   O how we cheered

Today   reminiscing in my garden
Heard Dominick became Sergeant in Vietnam
Tough floor-manager at Wal-Mart (or was this just a rumor?)
Heard Angelo held-up an Esso gas station
Got killed?   still *'up the river'*? (or just a rumor)
Miguel   no word

DOMINICK   ANGELO   MIGUEL

Yo recuerdo a
Dominick Basille   Angelo Campano   Miguel
Los Muchachos de Bath Beach
Colillas entre las orejas y el cráneo
Chamarras de motociclista
                pantalones abombados   cadenas

Fútbol   patio escolar de la PS 101   tierra   concreto
Dominick   dobla rodillas   endereza brazos   tuerce rodillas
Angelo   el cráneo en el piso
Cerebros   brotes   alcachofas   aplasta
Miguel   vence a Dominick   el cráneo en el piso
Cerebros   coles de Bruselas   puré de chícharos   maíz quebrado

Lo festejábamos   Oh, cómo lo festejábamos

Años después   Gran Arena USA   Johnny U   quita las manos de
Jimmy Juice   dobla rodillas   endereza brazos
Sam Huff-huff   el cráneo en el piso   ¡no! — *'pasto artificial'*
Brotes de cerebro   brócoli   espinacas húmedas
Mike Flick-flak   vence a Sam Huff-huff
Cerebros   puré de chícharos   maíz quebrado

Lo festejábamos   Oh, cómo lo festejábamos

Hoy   recordándolos en mi jardín
Escuché que Dominick llegó a Sargento en Vietnam
Duro gerente de piso en Wal-Mart (¿o fue solo un rumor?)
Escuché de Angelo asaltado en una gasolinera Esso
¿Lo mataron? ¿Está aún *'de este lado'*? (o es solo un rumor)
Miguel   no sé nada de él

99

In my garden
I plant broccoli   artichokes   peas   Brussel sprouts
For   Dominick   Angelo   Miguel
Spray the turf   from rusted water can
Watch droplets dissolve
                          in dry earth

En mi jardín
Siembro brócoli   alcachofas   chícharos   coles de Bruselas
Para   Dominick   Angelo   Miguel
Riego el suelo   con una regadera oxidada
Observo las gotitas disolverse
                              en la tierra seca

BALLAD OF MIGHTY JOE ROLLINO

Fold your jacket over Joe

Joe Rollino, strongest man
Strongest man, Coney Island
Strongest man in the kitchen,
Lifted oven on finger,
One finger balanced oven
Overhead, forks bent by Joe
Spoons bent by the teeth of Joe,
No can opener required,
Swallowed albacore whole from
Can, chrome Toastmaster toaster,
Old, bagels never popped up,
Yup! Joe touched blue wires and laughed

Fold your jacket over Joe

Ladle not required, drank soup,
Boiling, roiling in cupped palms,
Spatula not required, flipped pan-
Cakes, sizzling, calloused digits
Flipped flapjacks, bacon, boiled eggs,
Strongman, juggler, master chef;
January twenty-first
In the year two thousand ten,
Six AM, Joe was struck down
While crossing Bay Ridge Parkway
By Ford Windstar minivan,
At the age one hundred four

Fold your jacket over Joe

LA BALADA DE MIGHTY JOE ROLLINO

Tiende tu chaqueta sobre Joe

Joe Rollino, el hombre más fuerte
El hombre más fuerte, de Coney Island
El hombre más fuerte en la cocina,
Levantaba un horno con un dedo,
El horno equilibraba con un dedo
Por lo alto, tenedores doblados por Joe
Cucharas dobladas por los dientes de Joe,
No requería de abrelatas,
Se tragaba entero el atún de la
Lata, de la tostadora cromada *Toastmaster*,
Destartalada, los bagels jamás saltaban,
¡Yup! Joe tocaba los cables azules y se reía

Tiende tu chaqueta sobre Joe

No requería cucharón, se bebía la sopa
Hirviendo, se enturbiaba en sus palmas en cazuela,
No necesitaba espátula, volteaba los
Panqueques, candentes, con los dedos insensibles
Volteaba los *flapjacks*, el tocino, los huevos cocidos,
Hombre fuerte, malabarista, maestro cocinero;
Enero veintiuno
Del año dos mil diez,
A las seis AM, Joe fue atropellado
Cuando cruzaba Bay Ridge Parkway
Por una minivan Ford Windstar,
A la edad de ciento cuatro

Tiende tu chaqueta sobre Joe

ERATO ON THE R TRAIN

She did not want her songs in water and soap
She believed in magnetism, she believed in air
She passed over the gap, ivy wreathing her hair

Assumed her mask, her pensive pose
The pose of our forgetting

Some shadows fell, some shadows rose
Some doors opened, some doors closed

We paid our fare
None would dare
Approach her staff
Pointing to the lyre
Listen to her lyre
Placed upon the pyre
Plucking chords of fire

The coach scrolled through the black passage
The moon was gone
We scrolled new phases
Spun new phrases
Scanned new tricks
Sado-maso dominatrix

The doors parted
She departed
None would follow
None would dare
Touch the strands of flaming hair

ERATO EN EL TREN "R"

Ella no quería sus canciones entre agua y jabón
Ella creía en el magnetismo, creía en el aire
Pasó sobre la abertura, la hiedra coronaba sus cabellos

Asumió su máscara, su pose pensativa
La pose de nuestro olvido

Algunas sombras cayeron, algunas sombras se elevaron
Algunas puertas se abrieron, algunas puertas se cerraron

Pagamos nuestra tarifa
Nadie se atrevería a
Acercársele el personal
Señala a la lira
Escuchan su lira
Puesta sobre la pira
Pulsa acordes de ira

El vagón se deslizó por el negro pasadizo
La luna desapareció
Recorrimos nuevas fases
Ideamos nuevas frases
Exploramos nuevos trucos
Sado-maso dominatrix

Las puertas se abrieron
Ella partió
Nadie la seguiría
Nadie se atrevería
A tocar los mechones de su cabello en llamas

Magnetic folds from her hair
Pulsing static in the air

We assumed our pose
The masque of gestures
The frieze along the tracks
Melded to the tunnel walls

Las volutas magnéticas de su cabello
Vibran estáticas en el aire

Asumimos nuestra pose
La máscara de los gestos
El friso a lo largo de las vías
Fundido con las paredes del túnel

SITA

You marched with martyrs
in theory, Sita, in theory

Jousted with Picasso's windmill
on your palette, Sita, on your screen

Trapezoids on your canvas
turned to tigers, turned to tigers

Flames on Chrystie Street
flickered across the wires

Touched your sizzling cords
cords of flame, chords of flame

We wove shadows
in warrens of invisible gardens
on Grove, on Grove

We wove abstract patterns
on blighted faces
behind tenements and alleys

On Eldridge and Delancey
painted tulips and turnips
on pumpkin skulls, pumpkin skulls

SITA

Marchaste con mártires
en teoría, Sita, en teoría

Arremetiste contra el molino de viento de Picasso
en tu paleta, Sita, en tu lienzo

Los trapezoides de tus lienzos
se volvieron tigres, se volvieron tigres

La lumbre de Chrystie Street
cintilaba en los alambres

Tocaba tus cuerdas candentes
cuerdas de lumbre, acordes de lumbre

Tejíamos sombras
en los caseríos de jardines invisibles
sobre Grove, sobre Grove

Tejíamos patrones abstractos
sobre rostros marchitos
detrás de viejos edificios y callejones

En Eldridge y Delancey
pintamos tulipanes y nabos
sobre calaveras de calabaza, calaveras de calabaza

Twelve years have passed
we meet on the F Line
between Lafayette and Essex
underground, underground

Agree to meet
in ghosts of coffee shops
on Bleecker and MacDougal
never found, never found

You still worship tableau
in the shadow of your atelier
floating above the ground
above the ground

Never saw you again
perhaps twelve years will pass
and we will meet at right angles
underground, underground

Han pasado doce años
nos encontramos en la Línea F
entre Lafayette y Essex
bajo tierra, bajo tierra

Acordamos reunirnos
en fantasmas de cafeterías
sobre Bleecker y MacDougal
jamás halladas, jamás halladas

Tú aún adoras el lienzo
en la sombra de tu taller
que flota por encima del suelo
por encima del suelo

Nunca te volví a ver
quizás doce años deberán pasar
y nos encontraremos en los ángulos adecuados
bajo tierra, bajo tierra

THE BEAVERS
the boys of Bay 34th street
Bath Beach, Brooklyn (1945-1952)

Povo (one-handed catch)   Mendy (Banana Babes)   Allie
(Goodie)   Ronnie Povoromo (self-effacing)   Tommy Pitara
(once spit up blood rounding 2nd base)   Billy Morehouse (tops
at kick-the-can)   Carl Guarilla (the Beavers met in his
basement or Mendy's attic every Sunday morning   dues 10 cents

but we never bought team jackets)

Manny Katz (good at iron-tag   bit of a bully)   Howard
Samuels (died of a heart attack in a hotel room in
Minnesota in '98)   Johnnie Wagner and Bobby Wagner
(mother died of yellow jaundice in the late '40's)   Dean
Cohen (puller of schticks)   Harold Mosner (best wrestler
on the block)

LOS CASTORES
los muchachos de Bay 34th street
Bath Beach, Brooklyn (1945-1952)

Povo (cachaba a una mano)   Mendy (Banana Babes)   Allie
(Goodie)   Ronnie Povoromo (huidizo)   Tommy Pitara
(una vez escupió sangre corriendo hacia la 2ª base)   Billy
Morehouse (el mejor en bote pateado)   Carl Guarilla (los
Castores se reunían en su sótano o en el ático de Mendy los
domingos por la mañana   10 centavos de cuota

pero jamás compramos chaquetas para el equipo)

Manny Katz (bueno para encantados   algo abusivo)
Howard Samuels (muerto de un infarto en un cuarto de hotel
en Minnesota en el '98)   Johnnie Wagner y Bobby Wagner
(su madre murió de ictericia a fines de los '40's)   Dean
Cohen (sabía hacer bromas)   Harold Mosner (el mejor
luchador de la cuadra)

WHO WAS THE BEST
on Bay 34th street   (the late 1940s)

Povo was the best punchball player, he could hit
the ball (a *spaldeen*) over 2 sewers, Harold the best wrestler
Goodie the fastest runner, leapingest broad jumper   nimblest
marble player (*mibs aggies*) Bobby Wagner the quickest
ring-a-levio player, Manny tops at three-feet-off-to-Germany,
Billy was sharp at   i-declare-war   red light-green light   Ronnie
(so polite) at may-i? Tommy Pitara always at   hit-the-penny
Carl at knife-in-the-dirt game, Dean (funniest hiding places)
at hide-an'-seek   Howard Samuels and i played the walkie-talkie
game   (which we invented) 2 boxes tied to a long string (*Howard
do you hear me   over & out)* Howard Samuels had the biggest
baseball card collection   (did his son, Neil   inherit it   or
did it disappear   like mine?)

QUIÉN ERA EL MEJOR
en Bay 34th street   (a finales de los 40s)

Povo era el mejor jugador de pelotazo, podía golpear
la pelota (una *spaldeen*) hasta 2 alcantarillas,   Harold el mejor
luchador   Goodie el corredor más veloz, el mejor brincador
en salto largo   el más hábil jugador de canicas (*agüitas ponches*)
Bobby Wagner el más rápido jugador de *ring-a-levio*,   Manny
encabezaba en tres-pies fuera-de-Alemania,   Billy era bueno
para   yo-declaro-la-guerra   luz roja-luz verde   Ronnie (tan
gentil)   en ¿puedo-yo? Tommy Pitara siempre en darle-al-centavo
Carl para lanzar el cuchillo, Dean (los lugares más divertidos
para esconderse) para esconde-y-busca Howard Samuels y
yo jugábamos al *walkie-talkie* (que nosotros inventamos) 2
cajas atadas a un hilo largo (*Howard   me escuchas cambio
& fuera)* Howard Samuels tenía la mayor colección de tarjetas
de baseball (¿su hijo, Neil   la habrá heredado   o
desapareció   como la mía?)

Bernard Block

HAROLD MOSNER
the secret

Harold Mosner was the best wrestler
on Bay 34th Street   he even fought Dominick
Basile to a draw   in a challenge match in the Black Hills
everybody was there   we all remember

We watched Milton Berle on his parent's TV in '48
Antonino Rocco and Gorgeous George, wrestlers
in the late '40s— Harold's father had been a semi-
professional wrestler in side-show carnivals in the early 1930s

Years later, back in the old neighborhood
I noticed that Harold's family home on
the corner of Bath Avenue and Bay 34th was demolished—
I asked the old Italian man in his garden next door

The old man said   in strong Italian accent   said
Harold moved in with the boy across the street
both died of that illness in '68—
the homosexual illness—he shamed his parents

116

HAROLD MOSNER
el secreto

Harold Mosner era el mejor luchador
de Bay 34th Street   peleó incluso con Dominick
Basile hasta empatar   en un encuentro en las Black Hills
todo mundo estaba ahí   todos lo recordamos

Veíamos a Milton Berle en la TV de sus padres en el '48
Antonino Rocco y Gorgeous George, luchadores
a fines de los '40s —el papá de Harold había sido luchador
semi-profesional en festivales itinerantes a comienzos de los '30s

Años después, de vuelta en el viejo barrio
noté que la casa familiar de Harold en
la esquina de Bath Avenue y Bay 34th fue demolida—
pregunté al viejo italiano del jardín de junto

El viejo dijo   con un fuerte acento italiano   dijo
Harold se mudó enfrente con el muchacho
ambos murieron de esa enfermedad en el '68 —
la enfermedad de los homosexuales— él avergonzaba a sus padres

GAMES WE PLAYED
on Bay 34th

We chalked bases in the gutter for punchball
if a ball hit the leaves on the branches of the trees
(so many trees) you were out
hardly any cars—if a car came down the street
someone would call   *car's coming*   and we all moved aside
Povo could hit a pink *spaldeen* over two sewers
                                      undisputed

We played in empty lots—so many lots—all over
the Black Hills on Bath Avenue and Cropsey Avenue
in the P. S. 101 school yard where Miguel
beat up a guy 3 years older than him
the guy kept backing up   Miguel swinging wildly
the guy—face puffy, eyes black and swollen

        we all watched

JUEGOS QUE JUGÁBAMOS
en Bay 34th

Pintábamos con gis las bases en el canal para el *punchball*
si una pelota pegaba en las hojas sobre las ramas de los árboles
(demasiados árboles) quedabas fuera
difícilmente pasaban autos —si un auto bajaba por la calle
alguien gritaría   *viene un carro*   y nos hacíamos a un lado
Povo podía golpear una *spaldeen* rosa hasta dos alcantarillas
incuestionable

Jugábamos en baldíos —muchos terrenos— todos sobre
las Black Hills en Bath Avenue y Cropsey Avenue
en el patio escolar de la P. S. 101 donde Miguel
le dio una paliza a un chico 3 años mayor que él
el chico estaba arrinconado   Miguel golpeaba furiosamente
al chico —rostro desencajado, ojos morados e hinchado

todos mirábamos

WE AVOIDED THEM
in Bath Beach

We avoided Miguel (he might demand a nickel or
a dime and punch you in the arm—hard—even if you
gave it to him), Bobby Pappasino, Dominick Basile (heard
he became a sergeant in the army—tough—and
a manager of a Grand Union supermarket)

Carmine and Carlos D'Onofrio, Anthony and Angelo Campano
Anthony Armata (he would take Cathy Canderini into
the coat closet in JHS 128 and the teacher, Mr. Johnson, would be
afraid to interrupt them) Barry Titarski, who threatened
to beat me up more than once (I was afraid—one time,

Carl DePasquale stepped between me and Barry and
Barry backed off—I was grateful)

Frank Buckinfuso (who got shot and killed while
holding up an Esso gas station in 1953—or was that

just a rumor)

LOS EVITÁBAMOS
en Bath Beach

Evitábamos a Miguel (podía exigirte cinco o diez
centavos y pegarte en el brazo —duro— aún si tú
se los dabas), Bobby Pappasino, Dominick Basile (supe
que llegó a sargento en el Ejército —rudo— y
a gerente en un supermercado Grand Union)

Carmine y Carlos D'Onofrio, Anthony y Angelo Campano
Anthony Armata (él se llevaría a Cathy Canderini adentro
del ropero en la JHS 128 y el profesor, Mr. Johnson, tendría
miedo de interrumpirlos) Barry Titarski, quien amenazó
con golpearme más de una vez (Tuve miedo —en una ocasión,

Carl DePasquale se plantó entre Barry y yo y
Barry se echó para atrás— quedé agradecido)

Frank Buckinfuso (a quien le dispararon y murió en
un asalto en una gasolinera Esso en 1953—o quizás fue

       sólo un rumor)

DENNIS LUPO
who was kicked out of Lafayette High School

Dennis Lupo (who bit a guy's ear during a fight)
Dennis lived near 18th Avenue and Cropsey—a danger zone
Dennis read Dostoyevsky, Sartre, Camus, Genet, Beckett
in his late teens and early twenties, acted in
commedia dell'arte on Greenwich Village streets—he
met Karen Black and went for a walk with her along
Gravesend Bay (we tagged along—chatting—staring)
Dennis, with Leon—the Tough, beat up, photographed and
threatened to blackmail the English teacher, Arnie Horowitz,
who was rumored to be gay, in '59

Dennis jumped off a bridge in the Bronx
into the Harlem river
(it was two weeks before his body floated up on shore)
          in August, 1963

DENNIS LUPO
quien fue expulsado de Lafayette High School

Dennis Lupo (quien mordió la oreja a un chico en una pelea)
Dennis vivía cerca de 18th Avenue y Cropsey —zona peligrosa
Dennis leyó a Dostoyevsky, Sartre, Camus, Genet, Beckett
al final de la adolescencia y empezando sus veinte, y actuó en
commedia dell'arte en las calles de Greenwich Village —él
conoció a Karen Black y salió a pasear con ella por
Gravesend Bay (los seguimos —charlando— curiosos)
Dennis, junto con Leon —el Rudo, golpearon, fotografiaron e
intentaron extorsionar al profesor de inglés, Arnie Horowitz,
del que se decía era gay, en el '59

Dennis saltó de un puente en el Bronx
al río Harlem
(pasaron dos semanas antes que su cuerpo flotase hacia la orilla)
        en Agosto, 1963

MENDY
moved to LA in 1950

Mendy moved to Los Angeles in '50 with his mother,
Lillie, who had given me free piano lessons
and played Bach every morning till the day she died

sometime in the '90s, and his younger sister, Linda
with whom I saw *The Music Man* on Broadway
during the summer of '58 (was this a date?)

MENDY
se mudó a L.A. en 1950

Mendy se mudó a Los Ángeles en el '50 con su madre,
Lillie, quien me había dado lecciones de piano gratis
y tocó a Bach cada mañana hasta el día que falleció

alrededor de los '90s, y con su hermana menor, Linda
con quien vi *The Music Man* en Broadway
en el verano del '58 (¿fue eso una cita romántica?)

POVO
moved to Wheeling, West Virginia

Povo moved to Wheeling, West Virginia in July of '52
the day he moved, Goodie, Dean Cohen, Harold Mosner
Johnnie Wagner and I waved to him
as he walked back to his home on Bay 34th for the last time

We began to walk toward the black hills and Gravesend Bay
Goodie said *don't turn back* but I did

and waved again

POVO
se mudó a Wheeling, West Virginia

Povo se mudó a Wheeling, West Virginia en julio del '52
el día que se mudó, Goodie, Dean Cohen, Harold Mosner
Johnnie Wagner y yo agitamos las manos despidiéndolo
mientras él regresaba por última vez a su casa en Bay 34th

Empezamos a andar hacia las colinas negras y Gravesend Bay
Goodie dijo *no se volteen* pero yo lo hice

y me despedí otra vez

DAYS OF *SPALDEEN*

and what about Goodie   squatting like an Indian   I couldn't do it

and   what about   pastoral era   before cars   or just a few
car's coming   we'd call out   *3 feet off to Germany   I declare
war*   brooms for bats   box- board-skates   self-constructed
roller-scooter   milkman   seltzerman   knifesharpeningman
i buy old clothes   the oldmancalls   box-ball   hit-the-penny
curve-ball   marbles on dirt   *aggies* in gutter—get-*mib*-in-hole-in-box

and what about   playingallday   enjoyingsweat   (natural air-
conditioning)   walk to bay on hot summer nights   *red-light
green-light*   sleighing down hill in empty lots   all over the
place   horse-drawn wagons   *good humor* sold from push-cart
hear the bells in early evening   *bernie dinner's ready timetocomein*
mom calls   moviesonweekend   filmscartoonsshorts

newsreels   the whole gang   matron watching   with flash-light
pipe-down-boys or out-you-go

days of *spaldeen*

ashes   dust   apparitions in the mist

DÍAS DE *SPALDEEN*

y qué hay de Goodie   sentado como un indio   yo no podía hacerlo

y   qué de la   era pastoral   antes de los autos   o solo unos
cuantos *viene un carro*   gritábamos   *3 pies fuera de Alemania
Declaro la guerra*   escobas como bates   cajones de ruedas
hechos por nosotros   patín del diablo   el lechero   el vendedor
de gaseosa   el afilador   *compro ropa usada*   dice el ropavejero
hoyos   darle-al-centavo   pelota curva   canicas en la tierra
agüitas en rombo—gánate-*el ponche*-en-el-hoyo

y qué hay de   jugar todo el día   disfrutando el sudor   (aire
acondicionado natural)   caminar hacia la bahía en cálidas
noches de verano   *luz roja   luz verde*   deslizarse colina abajo
en lotes baldíos   por todo el lugar   carretas de caballos
buen humor vendido en un carrito   escuchar las campanas
en la noche temprana   *bernie   la comida está lista   hora de entrar*
madre llama   películasfindesemana   películascaricaturascortos

noticine   toda la banda   matrona mirándonos con la linterna
bajen la voz chicos o se salen

días de *spaldeen*

cenizas   polvo   fantasmas en la bruma

Bernard Block

GET YOUR ICE-COLD-ICE-SCREAM HEE-A

ouch
burnt fingas   dry-ice
hawkin' Good Humor on sands of Coney

a nickle   a dime   a quarter
little fugitive
stealin' time

hey   i can see the cyclone roarin'
parachute floatin' down
i'm east of eden   nuttin' to complain of

you're the only one   who remembers

TEN AQUÍ TU HELADÍSIMO HELADO

ouch
dedos quemados   hielo seco
vendiendo Buen Humor en las dunas de Coney

una moneda de a cinco   una de diez   una de veinticinco
pequeño fugitivo
disfrutando el tiempo

hey   puedo ver el ciclón rugiendo
el paracaídas descender
me encuentro al Este del paraíso   nada de qué quejarme

tú eres el único   que lo recuerda

AIR-RAID SIRENS
WW II

age 3   I am
sitting on mom's lap
looking out the window

blackout   *no one should strike a match*

mom   why the sirens
why   the darkness

we are at war   my dear
but do not worry
just a warning

I'm here
I'm here

my forehead
touches   her forehead

      I'm here

SIRENAS DE ATAQUE AÉREO
Segunda Guerra Mundial

Tengo   3 años de edad
sentado en el regazo de mi madre
mirando por la ventana

un apagón   *que nadie prenda un cerillo*

madre   por qué las sirenas
por qué   la obscuridad

estamos en guerra   mi amor
pero no te preocupes
es sólo un aviso

Aquí estoy
Aquí estoy

mi frente
toca   su frente

    Aquí estoy

STORM RISES
over lake of weeds

age three   i am
visiting aunt dinah
peekskill
cottage   in the wild

let's go rowing
in the lake of weeds
says aunt dinah
yes   let's

we glide
mom   aunt dinah   and i
over lake
of weeds

sky darkens
storm rising   says aunt dinah
row   row
quickly

don't let oars
get stuck
in the
weeds

heart pounding
storm rising
faster faster
don't worry dear

VIENE UNA TORMENTA
sobre el lago de las algas

tengo   tres años
visitamos a tía dinah
en peekskill
cabaña   en el campo

vamos a remar
al lago de las algas
dice tía dinah
sí   vamos

nos deslizamos
madre   tía dinah   y yo
sobre el lago
de las algas

el cielo se oscurece
viene una tormenta   dice tía dinah
remen   remen
rápido

no dejen que los remos
se atoren
en las
algas

el corazón latiendo
la tormenta arreciando
más rápido más rápido
no te preocupes, cariño

Bernard Block

the pier
the land
don't worry dear
we are here

el muelle
la tierra
no te preocupes, cariño
ya estamos aquí

Bernard Block

ME? NOT-ME

along 86th street   walking with dad
to the shoe store we go
dad holding my hand
age 6   i am

for dad
florsheim?
for me?   buster brown

i sit
watch dad lacing up
shiny shoe

look up
mirrors   long mirrors   everywhere
i see   boy in mirror
i rise   approach him

me   not-me?
reach out   to touch him

large hand grabs my arm
this boy is stealing

boy in mirror cries out
daddy   daddy

me?   not-me

dad rushes over
that's my son
he's not stealing

¿YO? ¡YO-NO!

por la calle 86th   caminando con papá
vamos a la zapatería
papá sostiene mi mano
tengo   6 años

para papá
¿florsheim?
¿para mí?   zapatos choclos

me siento
miro a papá amarrando las agujetas
el zapato brillante

alzo la vista
espejos   largos espejos   por todas partes
miro   al niño en el espejo
me levanto   me le acerco

yo   ¿no-yo?
levanto el brazo   para tocarlo

una mano larga sujeta mi brazo
este chico está robando

el chico del espejo grita
papi   papi

¿yo?   ¡yo-no!

papá se acerca rápido
es mi hijo
no está robando

dad takes my hand
we leave the shoe store

i look up
on 86th street
in the shadow
of the El
west end line

mirrors   i see
me?   not-me

papá me toma de la mano
salimos de la zapatería

volteo
hacia la calle 86th
a la sombra
de la El
la línea del west end

veo   espejos
¿yo?   ¡yo-no!

THE SMILE

Morris Fischler
curled like a smile
on the factory floor

I over-heard the news   mom
speaking on the phone
I was sad   but couldn't wait

to tell father when he came home
from work   I was ten
I couldn't wait   I still recall

Morris Fischler collapsed and
died on the factory floor
when I was ten years old

Morris was born in Poland
worked hard every day
lifted boxes on his back
till he grew old

Morris was bent
sweat poured out   of every pore
that morning he went out
he felt hot   he felt cold

I was a child   a child of ten
wanted to tell father
the first to tell   what happened
on the factory floor

LA SONRISA

Morris Fischler
rizado como una sonrisa
en el piso de la fábrica

Yo medio escuché las noticias   mamá
hablando por teléfono
yo estaba triste   pero no podía esperar

a contarle a papá cuando llegara a casa
del trabajo   yo tenía diez años
no podía esperar   aún recuerdo

Morris Fischler se desvaneció y
murió en el piso de la fábrica
cuando yo tenía diez años

Morris nació en Polonia
trabajó duro todos los días
cargó cajas sobre su espalda
hasta que se hizo viejo

Morris estaba encorvado
vertía sudor   de cada poro
esa mañana salió
se sintió caliente   se sintió frío

Yo era un niño   un niño de diez años
quería contarle a papá
el primero en contarle   lo sucedido
en el piso de la fábrica

Bernard Block

I ran out to tell him the news
my lips curled up   instead of down
to this day I still recall

I told my lips   *stay down*
stay down   as I waited
at the door

I smiled   my lips curled up
father turned white
as I recall

Morris Fischler collapsed
curled like a smile
on the factory floor

corrí hacia él para darle la noticia
mis labios rizados   en lugar de abatidos
hasta este día lo recuerdo

les dije a mis labios   *quédense abajo*
quédense abajo   cuando aguardaba
en la puerta

Yo sonreí   mis labios se rizaron
papá se puso blanco
así lo recuerdo

Morris Fischler se desvaneció
rizado como una sonrisa
en el piso de la fábrica

JOEL REINGOLD EQUALS DEATH

ps 101   bath beach   brooklyn
age 8   I am
joel reingold
classmate   friend

joel   green eyes   blond hair
just like me

that morning   whispers in the schoolyard
did you hear what happened to joel
run over by a car
died

joel was playing on sidewalk
ran across street
to greet his dad
coming home from work

struck by car
white towel   wrapped around his head
white towel
turned red

from now on   I thought
avoid 4 and 8

joel j-o-e-l equals 4

reingold r-e-i-n-g-o-l-d equals 8

j-o-e-l r-e-i-n-g-o-l-d = death

JOEL REINGOLD IGUAL A MUERTE

escuela pública 101   bath beach   brooklyn
tengo   8 años
joel reingold
compañero   de clases

joel   ojos verdes   cabello rubio
como yo

aquella mañana   murmullos en el patio escolar
supiste lo que le pasó a joel
atropellado por un auto
murió

joel estaba jugando en la banqueta
cruzó corriendo la calle
para saludar a su padre
que regresaba a casa después del trabajo

fue golpeado por un auto
blanca toalla   envolviendo su cabeza
blanca toalla
que se tiñó de rojo

desde ahora   pensé
evitaré 4 y 8

joel   j-o-e-l es igual a 4

reingold   r-e-i-n-g-o-l-d es igual a 8

j-o-e-l r-e-i-n-g-o-l-d = muerte

LILLIE MENDELSOHN
plays *my old kentucky home*

lillie mendelsohn   mendy's mom
big old steinway
in her livingroom

mendy's 11th birthday   1950
before they move to california

the boys of bay 34th street   the team
round the piano   sing away
my old kentucky home
lillie playing   big old steinway

I feel weak   a little dizzy
lillie   may I go to the bathroom
in the bathroom   I hear
my old kentucky home
          from afar   away

          I think   this may be the last time

I return to the boys
the circle round the piano

lillie says   bernie missed
my old kentucky home

let's sing it again

LILLIE MENDELSOHN
toca *my old kentucky home*

lillie mendelsohn   la mamá de mendy
su enorme y viejo piano steinway
en su sala

cumpleaños 11   de mendy   1950
antes que se mudaran a california

los chicos de bay 34th street   el equipo
alrededor del piano   cantábamos
my old kentucky home
lillie tocaba   su enorme y viejo piano steinway

me siento débil   algo mareado
lillie   puedo ir al baño
en el baño   escucho
my old kentucky home
        a lo lejos   lejos

        pienso   que esta podría ser la última vez

regreso con los chicos
al círculo alrededor del piano

lillie dice   bernie se perdió
my old kentucky home

cantémosla otra vez

weep no more my ladies
weep no more today
for the sun shines bright
on my old kentucky home
my old kentucky home   far away

no lloren más mis damas
no lloren más por hoy
porque el sol brilla esplendoroso
sobre mi vieja casa de kentucky
mi vieja casa de kentucky   tan lejana

PLANTING WEEDS
in mendy's backyard

age 8   I am

yesterday
I planted weeds
in mendy's backyard

I'm a farmer
water the weeds
everyday

they grow
       and grow

years pass

I return to the old neighborhood
      stop at mendy's old home
          100 bay 34th street

lawn manicured

      I wonder
          if the weeds are still growing
             in mendy's backyard

SEMBRANDO HIERBAS
en el patio de mendy

Tengo   8 años

ayer
sembré hierbas
en el patio trasero de mendy

soy un granjero
riego las hierbas
a diario

éstas crecen
            y crecen

los años pasan

regreso al viejo barrio
        me detengo en la antigua casa de mendy
                en 100 bay 34th street

el pasto bien cortado

        me pregunto
                si las hierbas aún seguirán creciendo
                        en el patio trasero de mendy

YANKEE TRADER

Goodie's game   a board game
bought for him   by his dad
better than *Monopoly   Yankee Trader*
a game of trading skill

choose a ship token
red   green   yellow   blue
roll the dice
and off you go

from San Francisco
to Honolulu   Fiji   Guayaquil
Valparaiso   Lagos   Ceylon   Java
Yokohama   Shanghai   Singapore

Calcutta   Genoa   Lisbon   New York
buying   selling   trading
copra   coffee   spices   rubber
silk   jute   hemp   olive oil

copra   jute   first time I ever
heard these words

we played for hours

how will I ever get to know
all there is to know
beyond bay 34th street
        bath beach
                brooklyn

YANKEE TRADER

el juego de Goodie   un juego de mesa
comprado para él   por su padre
mejor que *Monopolio   Yankee Trader*
un juego de habilidades comerciales

escoges un barco miniatura
rojo   verde   amarillo   azul
tiras el dado
y ahí vas

de San Francisco
a Honolulu Fiji   Guayaquil
Valparaíso   Lagos   Ceylán   Java
Yokohama   Shanghai   Singapur

Calcuta   Génova   Lisboa   Nueva York
comprando   vendiendo   intercambiando
copra   café   especias   caucho
seda   yute   cáñamo   aceite de oliva

copra   yute la primera vez
que escuchaba esas palabras

jugábamos por horas

cómo podré conocer algún día
todo lo que hay que conocer
más allá de bay 34th street
        bath beach
                brooklyn

PART III

WHO ARE WE?

¿QUIÉNES SOMOS?

Bernard Block

THE LADY OF THE TRAPEZE

Close your eyes
Even the stones come alive
Thinks the Lady of the Trapeze
Fire, air, water, trees

The man soaked in gasoline
The moon bathing in a dream
Dreaming fire, dreaming trees
Thinks the Lady of the Trapeze

Is an angel whispering in his ear
Telling him to disappear
Dreaming water, beyond the seas
The man is dying, hear him wheeze

Hear him mutter, child and wife
Hear him adding death and life
See the angel hovering near
Listen to the man's one tear

One tear edging down his cheek
The angel urging him to speak
Speak of water, speak of trees
Thinks the Lady of the Trapeze

He mutters name of wife, of child
He sees the petals folding mild
He speaks of wind, he speaks of fire
He breathes the petal of desire

LA SEÑORA DEL TRAPECIO

Cierra tus ojos
Incluso las piedras cobran vida
Piensa la Señora del Trapecio
Fuego, aire, agua, árboles

El hombre empapado en gasolina
La luna bañándose en un sueño
Sueñan con fuego, sueñan con árboles
Piensa la Señora del Trapecio

Es un ángel susurrando en su oído
Diciéndole que desaparezca
Sueña con agua, más allá de los mares
El hombre se está muriendo, escúchenlo jadear

Escúchenlo murmurar, hijo y esposa
Escúchenle sumando muerte y vida
Miren al ángel que se cierne sobre él
Escuchen la única lágrima del hombre

La lágrima que baja por su mejilla
El ángel le insta a hablar
A hablar de agua, a hablar de árboles
Piensa la Señora del Trapecio

Él murmura el nombre de la esposa, del hijo
Él ve los pétalos doblarse suavemente
Él habla del viento, habla del fuego
Él respira el pétalo del deseo

Bernard Block

He breathes a petal, quiet as lace
He breathes of wind, he breathes of Grace
He is a leaf, he is a frieze
Thinks the Lady of the Trapeze

Él respira un pétalo, sosegado como encaje
Él respira del viento, respira de la Gracia
Él es una hoja, es un friso
Piensa la Señora del Trapecio

THE DAY HAIYAN CAME TO TACLOBAN
(Haiyan, giant typhoon, hits Tacloban, village
in the Philippines, November 8, 2013)

We did not see cockroach hordes
Marching out of their cupboard lair
Nor the cockpits losing roosters
That rose to roofs above the air

We did not note the still alertness
Of lizards as the winds rose
Nor did we hear the stamp of hoof beats
As horses pounded on the stable board

We did not see the circling of gulls
Circling the vertigo strand
Nor did we hear the squawking of crows
A blanket of jet across the strand

We did not hear the hoof beats of rain
The hoof beats of thunder coming from the mouth of a fig
We did not see the Spam and Hunt's pork cans
Floating in torrents before the face of a swollen pig

The Rose of Tacloban did not know that Haiyan
Shattered the church above her town
The Rose of Tacloban did not see the Holy Infant,
Santo Niño, his Bright Face guarding the stick of woman,

Hair awry, streaked in brine,
Her bone twisted at an angle,
Twisted at an angle
Beneath the Shrine, beneath the Shrine

EL DÍA QUE HAIYAN LLEGÓ A TACLOBAN
(Haiyan, tifón gigante, golpea Tacloban, población
de Filipinas, el 8 de noviembre de 2013)

No vimos las hordas de cucarachas
Marchándose de su guarida en la alacena
Ni a los gallineros perdiendo gallos
Que se subían a los tejados desde arriba del aire

No observamos la tensa alerta
De las lagartijas cuando los vientos remontaron
Ni escuchamos el estruendo de las pezuñas
De los caballos golpeando los maderos del establo

No vimos la ronda de las gaviotas
Que bordeaban la orilla del vértigo
Ni escuchamos el graznido de los cuervos
Un manto azabache atravesando la orilla

No escuchamos el galopar de la lluvia
El galopar de los truenos procedentes de la boca de un higo
No vimos las latas de *Spam* y de carne de cerdo *Hunt's*
Flotar en los torrentes antes que apareciese un puerco hinchado

La Rosa de Tacloban no sabía que Haiyan
Despedazó la iglesia arriba de su pueblo
La Rosa de Tacloban no vio al Santo Infante,
Santo Niño, su Rostro Claro custodia el cayado de la mujer,

El cabello revuelto, empapado en salmuera,
Su hueso torcido en un ángulo,
Torcido en un ángulo
Bajo el Santuario, bajo el Santuario

CHILDREN OF THE SEA

for the children of Ansan, Korea

They were now children of the sea
That claimed them like the wind above the sound
That blew a lily past a tree
A tree that claimed the shadow
The shadow on the ground

The Elders laid white petals
Before an altar on the ground
They bowed their heads and watched the petals
Fall like children
Flutter without a sound

On the altar a row of photos
Of students smiling, never found
On the boat from Ansan
To the island of Jeju
Floating above the sound

The children were obedient
As they bowed to the island
Where they were bound
They bowed to the Elders
Bowed to the Tides, as the winding sheets were wound

The whales were singing questions
Even the sharks made not a sound
As the parents watched their children
Float to islands above the sound

NIÑOS DEL MAR

para los niños de Ansan, Corea

Ellos ahora eran hijos del mar
Que los reclamaba como el viento sobre el estrecho
Que deshojó un lirio más allá de un árbol
Un árbol que reclamaba la sombra
La sombra en el suelo

Los Ancianos pusieron pétalos blancos
Ante un altar en el suelo
Inclinaron sus cabezas y miraron los pétalos
Caer como niños
Agitándose sin ruido

Sobre el altar una hilera de fotos
De estudiantes sonrientes, nunca encontrados
En el barco que iba de Ansan
A la isla de Jeju
Flotando sobre el estrecho

Los niños fueron obedientes
Mientras se inclinaban ante la isla
A donde eran llevados
Se inclinaron ante los Ancianos
Inclinados ante las Mareas, cuando las mortajas fueron heridas

Las ballenas cantaban preguntas
Incluso los tiburones no hicieron ruido
Cuando los padres miraron a sus hijos
Flotar hacia las islas por encima del estrecho

Some say the whales are weeping
Though none can hear a sound
The moon floats in, the planets spin
The earth turns round and round

The petals wilt
The petals fall
Silently
To ground

Algunos dicen que las ballenas lloran
Aunque nadie pueda oír un sonido
La luna flota, los planetas giran
La tierra gira y gira

Los pétalos se marchitan
Los pétalos caen
Silenciosamente
Al suelo

SHERPAS OF NEPAL

They carry Mountain on their back
Mountain to the sky
Lay their body on the rack
Shake their wings and fly

The White Chiefs guzzle whiskey
In tents below the sky
They growl chords of husky
To eagles circling high

The Sherpas sow the dusk to dawn
A carpet cross the sky
Lay a carpet for Chiefs to mourn
Eagles rushing by

See the ovens being borne
See smoke rings in the sky
See the Sherpas caught in nets
See cattle born to die

The Sherpas hear the kettledrum
The Downbeat of the sky
Hear the hammer piercing thumbs
Hear the black clouds sigh

The Mountains whisper the ice must break
The clouds are hissing sigh
The Sherpas see the Lord of Lakes
Hear the eagles' cry

SHERPAS DE NEPAL

Cargan la Montaña en sus espaldas
La Montaña hacia el cielo
Colocan sus cuerpos sobre la cordillera
Sacuden sus alas y vuelan

Los Jefes Blancos tragan whisky
En tiendas debajo del cielo
Gruñen cantos de rudeza
A las águilas que los rodean en las alturas

Los sherpas sembraron del anochecer al amanecer
Una alfombra que cruza el cielo
Tienden una alfombra para los Jefes que se lamentan
Las águilas vuelan raudas

Mira los hornos que cargan
Mira los anillos de humo en el cielo
Mira a los sherpas atrapados en las redes
Mira al ganado que nació para morir

Los sherpas oyen el timbal
El Bajo continuo del cielo
Escuchan el martillo perforando los pulgares
Escuchan a las nubes negras suspirando

Las Montañas susurran que el hielo debe romperse
Las nubes sisean un suspiro
Los sherpas ven al Señor de los Lagos
Escuchan el grito de las águilas

Bernard Block

Ice is Oracle of the clouds
Black clouds hurtling chord
Eagles shriek—a bloody beak
Past the Face of Lord

El hielo es el Oráculo de las nubes
Nubes negras resonando el acorde
El chillido de las águilas —un pico sangriento
Más allá del Rostro del Señor

SPIDER

The pulse of Bach's hypnotic tread
Reels from air your sylphan thread,
Your mandala stitched across the dome
Twirls a rondeau that none can hear

From none to nadir, from earth to air,
You capture solar winds of light,
Beyond the arc, beyond the sphere
From curtain rod to rocking chair

You wake and dream, you weave and climb
The calliope of bone and mind,
Till a wisp of straw from another world
Leaves you dangling, one line of pearl

LA ARAÑA

El pulso del hilo hipnótico de Bach
Desenreda del aire tu hilo sílfide,
Tu mandala cosido a lo largo del cielo
Borda un rondó que nadie puede escuchar

De la nada al nadir, de la tierra al aire,
Capturas los vientos solares de la luz,
Más allá del arco, más allá de la esfera
Desde las cortinas hacia la mecedora

Despiertas y sueñas, tejes y escalas
El calíope del hueso y de la mente,
Hasta que un mechón de paja de otro mundo
Te deja colgando, una sarta de perlas

THE WAY OF EARTH

Earth is life
Earth is death
Life is lifted
Drawn by breath
Drawn back to earth
Shadow of death

The earth knew all before
The wall was built
The seed that bore
The seam that tore

Cathedrals built,
Emperors bowed,
All the silt
Will allow

We are migrants
On this soil
Through the fog
The waters roil

Before and aft
The petals fold
The lash, the shaft
The finger cold

God saw fire
God saw light
Created earth for man's delight

EL CAMINO DE LA TIERRA

La tierra es vida
La tierra es muerte
La vida se eleva
Impulsada por el aliento
Llevada de vuelta a la tierra
Sombra de muerte

La tierra lo supo todo antes
El muro que se construyó
La semilla que germinó
La grieta que se abrió

Catedrales construidas,
Emperadores doblegados,
Todo el cieno
Que permitirá

Somos migrantes
En este suelo
Pasando la niebla
Las aguas rugen

Antes y después
Los pétalos se marchitan
El látigo, el rayo
El dedo frío

Dios vio el fuego
Dios vio la luz
Creó la Tierra para el deleite del hombre

But the thorn must slit
The petal fold
The infant's cheek, the finger cold

Earth is life
Earth is death
Life is lifted
Drawn by breath
Drawn back to earth
Shadow of death

Pero la espina debe hendir
El pétalo plegarse
La mejilla del niño, el dedo frío

La tierra es vida
La tierra es muerte
La vida se eleva
Impulsada por el aliento
Llevada de vuelta a la tierra
Sombra de muerte

179

Bernard Block

THE WAY OF WALLS

What is a wall   can it rise   can it fall
If a wall tells us who we are
Do others see us   hear our call

Amid the turmoil and dismay
Does a wall enfold us
Or betray

Are walls within   or without
Are walls unknown
Walls of doubt

If a wall arises when we are born
Does it fall when we are torn
From the stream of our dismay

Or borne 'neath the stone   when flesh turns to clay

What is a wall
       Do we rise when we build
           Do we fall

LA RUTA DE LOS MUROS

¿Qué es un muro? ¿puede elevarse?   ¿puede caer?
Si un muro nos dice quiénes somos
¿Los demás nos ven?   ¿escuchan nuestro llamado

En medio de la agitación y la consternación?
¿Nos rodea un muro
O nos traiciona?

¿Los muros están adentro   o afuera?
¿Son los muros desconocidos
Muros de duda?

Si un muro se levanta cuando nacemos
¿Cae cuando se nos despoja
Del flujo de nuestro espanto?

O es puesto bajo la lápida   cuando la carne se vuelve arcilla

¿Qué es un muro?
            ¿Ascendemos cuando lo construimos?
                    ¿O caemos?

KING FOR A DAY

Father   when do we know a war is won?

Never   my son   never   you may watch
when the crow floats back
when the sky turns black
       that's when you will know   my son
           that's when you will know

Father   am I a King?

King for a day   my son
for a day   the sun shines bright
then it will be night   the sun turns black
       forever   my son   forever
         that you must know

Father   will God be with our boys, tonight?

As long as they listen and obey
obey orders   scale the walls
rain down fire on the plain
       God will be with our boys by night
         sew a pillow   for the day

Father   when will the war be over   how can we know?

Never   my son   never will we know
listen to the crow   listen to the sky
listen to the orders   listen as you lie
     listen to the walls
        listen to the fly

My, father   what a funny little world this is

182

REY POR UN DÍA

Padre   ¿cuándo sabemos que se gana una guerra?

Nunca   hijo mío   nunca   quizás veas
cuando el cuervo vuele de regreso
cuando el cielo se obscurezca
            es entonces que lo sabrás   hijo mío
            es entonces que lo sabrás

Padre   ¿soy un Rey?

Rey por un día   hijo mío
por un día   el sol brilla esplendoroso
luego será de noche   el sol se vuelve negro
            para siempre   hijo mío   para siempre
            lo tienes que saber

Padre   ¿Dios estará con nuestros muchachos esta noche?

Mientras escuchen y obedezcan
obedezcan órdenes   escalen los muros
hagan llover fuego sobre la llanura
            Dios estará con nuestros muchachos de noche
                    prepara una almohada   para el día

Padre ¿cuándo terminará la guerra?   ¿cómo podemos saberlo?

Nunca   hijo mío   nunca lo sabremos
escucha al cuervo   escucha al cielo
escucha las órdenes   escucha mientras mientes
            escucha a las paredes
                    escucha a la mosca

Oh Padre   qué gracioso y pequeño mundo es éste

Bernard Block

Born and raised in Bensonhurst, Brooklyn, Bernard attended Cornell University and Brooklyn College and obtained a degree in English and American Literature. He hitch-hiked to California in 1965 and lived in the Haight-Ashbury through 1967.

He was present at the Human Be-In in January, 1967 and attended the Monterey Pop Festival in June, 1967.

Bernard presented poetry readings at the *I and Thou* coffeehouse in the Haight, coffeehouses in North Beach, Golden Gate Park and at anti-Vietnam War demonstrations. He returned to NYC and studied with the poet Colette Inez in the mid '70's.

For 23 years, Bernard earned his living as a caseworker for the NYC Bureau of Child Welfare (he is now retired). He has read at all the major *spoken-word* venues in New York City and Long Island and has presented his poetry in venues in Philadelphia, PA, Columbia, SC and Asheville, NC.

In August, 2014 Bernard was invited to feature in Laugharne, South Wales in celebration of Dylan Thomas' Centenary.

Since May 19, 2012, Bernard has curated and hosted the Series "From Whitman to Ginsberg" at the Cornelia Street Café in New York City. All eighteen editions have been videotaped and are available on Bernard's YouTube channel.

He has 38 poems published in the prestigious on-line European literary journal, *Levure Littéraire* issues No. 8, 9 and 12. (Editors: Rodica Draghincescu and Erika Dagnino).

Five of Bernard's poems appear in the French/English literary journal *Recours au Poème* (Marilyne Bertoncini, Editor) with French translation by Elizabeth Brunazzi. In an article in this journal regarding the NYC poetry scene, Ms. Brunazzi devotes a significant discussion to Bernard's poetry and his organizing role on that scene.

Bernard Block

Nacido y criado en Bensonhurst, Brooklyn, Bernard Block asistió a la Universidad de Cornell y al Brooklyn College donde se graduó en literatura inglesa y estadounidense. Hizo una excursión a California en 1965 y vivió en Haight-Ashbury hasta 1967.

Participó en el Human Be-In en enero de 1967 y asistió al Monterey Pop Festival en junio de ese mismo año.

Bernard realizó lecturas de poesía en el café *I and Thou* en Haight-Ashbury, así como en los cafés de North Beach y Golden Gate Park y en las manifestaciones contra la Guerra de Vietnam. Regresó a Nueva York y estudió con la poeta Colette Inez a mediados de los años 70.

Durante 23 años, Bernard se ganó la vida como trabajador social de la Oficina de Bienestar Infantil de la Ciudad de Nueva York (ahora está jubilado). Él ha leído en todos los lugares importantes de poesía hablada (*spoken word*) en Nueva York y en Long Island, y ha presentado su poesía en Filadelfia, Pennsylvania; Columbia, Carolina del Sur y Asheville, Carolina del Norte.

En agosto de 2014 Bernard Block fue invitado a participar en Laugharne, Gales del Sur en la celebración del centenario del nacimiento del poeta Dylan Thomas.

Desde el 19 de mayo de 2012, Bernard Block ha convocado y organizado la serie de lecturas "De Whitman a Ginsberg" en el Cornelia Street Café de Nueva York. Todas las dieciocho ediciones de esa serie han sido video grabadas y están disponibles en el canal de YouTube de Bernard Block.

Tiene 38 poemas publicados en la prestigiada revista literaria europea en línea *Levure Littéraire* Números 8, 9 y 12. (Editores: Rodica Draghincescu y Erika Dagnino).

Cinco de los poemas de Bernard aparecen en la revista literaria franco/inglesa *Recours au Poème* (Editora: Marilyne Bertoncini) con la traducción al francés de Elizabeth Brunazzi. En un artículo en esta revista sobre la escena de la poesía de Nueva York, la Sra. Brunazzi aporta una discusión significativa acerca de la poesía de Bernard Block y el papel de éste como promotor del arte.

www.ingramcontent.com/pod-product-compliance
Lightning Source LLC
Chambersburg PA
CBHW021231090426
42740CB00006B/478

9 780998 235554